U0040588

從親密關係中得到自由

Jeder ist beziehungsfähig

史蒂芬妮・史塔爾 Stefanie Stahl ——— 著

王榮輝 ——— 譯

你覺得自己「愛無能」嗎？
你害怕親密，而一再搞砸自己的伴侶關係嗎？
其實人人都有能力經營伴侶關係，
透過了解自己內在世界的陰鬱小孩，
加上書中的練習，幫你找回內在的陽光小孩，
重新建立一段屬於自己的親密關係。

★ 德國 Amazon 人際關係類 第 3 名

真摯推薦

洪仲清 臨床心理師 | 柚子甜 作家、心靈工作者 | 曾心怡 臨床心理師

獻給霍爾格（Holger），
我的丈夫、情人與最好的朋友

刺激與反應之間存在著自由。
……維克多·法蘭克
Viktor Frankl

推薦文

凝視創傷過往，迎向幸福未來

洪仲清
著名臨床心理師

充實的愛情關係絕非什麼運氣問題，它其實是種個人決定與個人心態的問題。

作者的中心思想相當清晰，簡短一句話，就幫這本書的核心態度定調。作者視關係為觀念調整與行動實踐的累積，並且能藉由重新認識自己的內在小孩而展開。

一個人若能在配合他人與主張自我之間取得平衡；或是，如心理學家所說，在結合與自主之間取得平衡，（幾乎）人人都能經營幸福的伴侶關係。

作者進一步標舉了兩個重要概念，「結合」與「自主」，來解析關係中的衝突與困境。這兩個概念可以視為兩組行為，如何跟一個人靠近？又要如何主張自我的獨立？每個問題裡面都各有不少學問。

而這兩組行為，很顯然跟幼年成長的過程有關。親子關係能影響孩子成年之後的其他關係，這對大多數人來說，已經是基本常識了！

談親子關係，就很自然地會討論到「創傷」的概念。我們每個人為了生存，從幼年開始，便會發展我們的求生策略，來應對傷痛恐懼，這也形成了一組行為。但這組行為的原始動機可能埋得更深，不太容易被意識到，卻又對關係有廣泛的影響。

誠實面對自己內在的創傷，不管是不是因為要經營幸福伴侶關係，對一個人的成長都相當重要。譬如說，如果是某位在過於嚴格冷漠的家庭環境下長大的女性，很可能內心渴望能自己親手營造寬容有愛的新家庭。然而，過去父母的身教又被她不自主地內化與複製，這些矛盾讓她相當痛苦。那麼，探索過去的成長歷程，包括那些刻意被遺忘或疏遠的創傷經驗，就是她療癒的關鍵。

藉著面對創傷，我們探索我們內在的核心信念（這本書翻成「核心信條」），那跟我們如何詮釋過去有關，那也會引發我們的情緒，以及引導我們未來的行動。像是她為了保護自己在嚴格冷漠的對待下，免於痛苦難受，她可能會形成的核心信念可能是「我不應該悲傷與軟弱！」而這核心信念，可能讓她在親密關係裡，難以同理伴侶或孩子的悲傷與軟弱。

核心信念常常過於陳舊，不一定能如實反映客觀事實與我們的人格。因此，作者再引入了「現場視角」與「觀察者視角」的概念，邀請我們以觀察者視角，重新審視過去。

觀察者視角是一個相當有力的治療工具，在早期認知行為治療，乃至於近代流行的正念相關療法，都持續演進與應用著。尤其近代強調不加批判，這能幫助我們接納過去，並且逐漸形成適合當下此刻的核心信念。

比如說，她的伴侶或孩子，並不是她的父母，他們其實能適度地接受她的悲傷與軟弱，並且包容與連結。於是，她開始修正自己的核心信念，允許自己的悲傷與軟弱，並且同理家人的悲傷與軟弱。

然後，開始肯定自我，並練習在日常生活中表現出自己的長處。對我來說，**這整本書描述的，是一種愛自己的具體步驟，然後自愛愛人**。

這本書的內容需要花一些時間練習，不過確實可行。邀請各位朋友一起進入心旅程，凝視創傷過往，並且迎向幸福未來。祝福您！

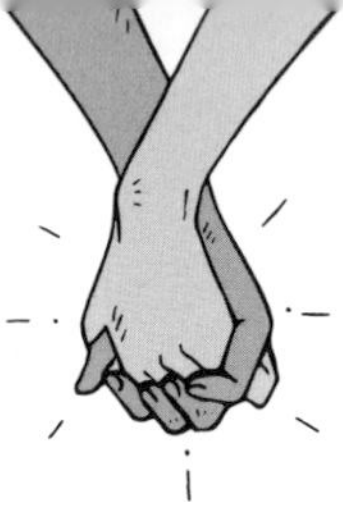

推薦文

「愛無能」世代，是最接近愛情的世代

柚子甜
作家／心靈工作者

我一直認為，愛情沒有想像中那麼美好。

上個世代的人，所謂的愛情就是年紀到了，乖乖相親，挑一個順眼的人安排嫁娶就是；比較前衛點的自由戀愛，也幾乎是談一兩段就訂終身。那個時代背景下，剛脫離戰火的陰霾，溫飽安頓已是萬幸，沒有餘裕思考適不適合的問題，只要兩個人不管怎麼吵、怎麼互相折磨、但兩個人都還是離不開對方，旁人就會說這是「愛情」。

這個世代的我們，比較接近愛情了嗎？長期接到大量的諮詢個案，讓我對這個問題感到疑惑。單身的找不到伴、曖昧的不肯給承諾、在一起的問題更多，逃避溝通、外遇、騎驢找馬、冷戰、孤立、控制、削弱自尊的戲碼層出不窮，人人都問他怎麼不分手，當事人卻眼神空洞地回答：「我不敢。」

對愛情不切實際，又缺乏能力經營，也沒本事像上個世代咬牙苦撐，無怪乎，現在被稱為「愛無能的世代」。

但就我看來，卻偏偏在這個最好也最壞的時代，人類才有機會在愛情中看見自己。

過往的愛情被過度歌功頌德，是因為它必須扮演苦難的調味劑。但在吃得飽、穿得暖、有餘裕思考何謂「自我」的太平盛世，人類才有機會意識到：愛情沒有想像中甜美。強大的「自我」，一定會和「結合」的渴望產生刺耳尖銳的摩擦，人人渴望陪伴，卻沒有一個人能夠讓我們不必溝通、不需要換位思考、也不必碰觸童年傷口，就百分之百契合時，我們心底巨大的悲傷，不是愛情失落的證明，而是療癒舊傷口的機會。

閱讀《從親密關係中得到自由》時，我像是在照一面鏡子，一面反思過去失敗的感情。原本以為，我對自己過往的分析與療癒已經很徹底，但是作者精闢的論述，又讓我發覺好幾處沒意識到的盲點。比方說，書裡提到有些人，會用「自主策略」去和伴侶保持疏離，表面上是想要維持自我空間，實際上是源自童年有個極度需索陪伴的母親。在他的潛意識裡，「親密需求」已經和「不舒服」畫上等號，因此會在感情裡排斥對方的親近，甚至拒絕完全合理的要求。

看到這個段落的時候，簡直震驚莫名。因為自己有過極為相似的經歷，只不過對方一直聲稱自己是「跟媽媽感情好」、「我媽在婚姻裡很辛苦，我讓她開心是應該的」，但經過作者的剖析之後，我才意識到那是一種被「孝順」粉飾過的壓力，進而反彈在逃避親密關係上——這在難以擺脫「孝道包袱」的華人社會更為常見，也潛伏在許多親密關係之間。

閱讀這本書的時候，我相信你可以在許多段落，找到自己與過去關係的影子。而認識自己，可以獲得清明；認識過往的感情，可以獲得智慧。清明與智慧，是接近純粹愛情的天梯。

「愛無能」世代，有何不可？至少代表著掙扎不服輸，想要知道可以「愛」到什麼程度——我認為，這才是最接近愛情的世代。

目錄

PART 1
親密關係和童年印記

PART 2

療癒

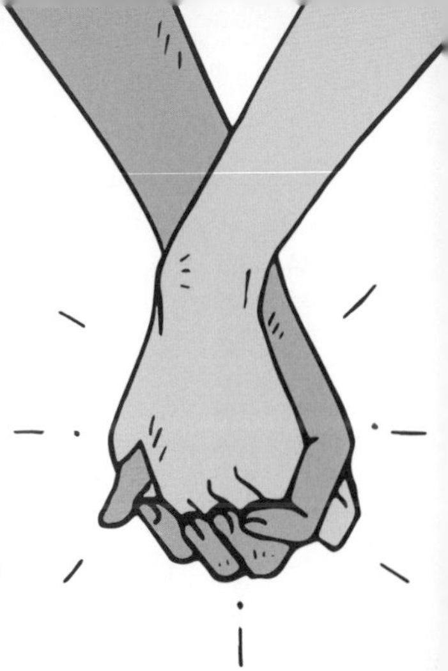

PART 1

親密關係和童年印記

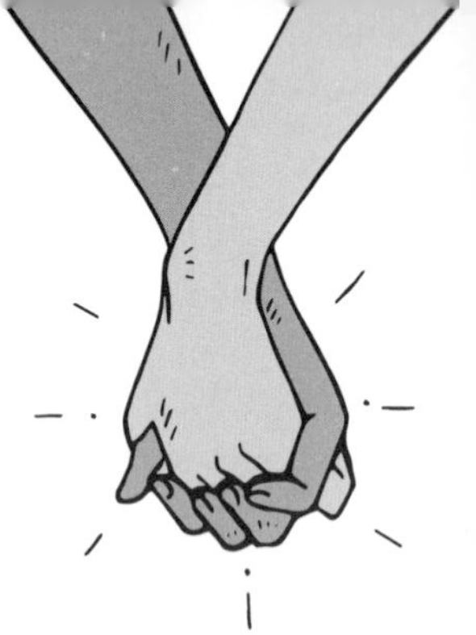

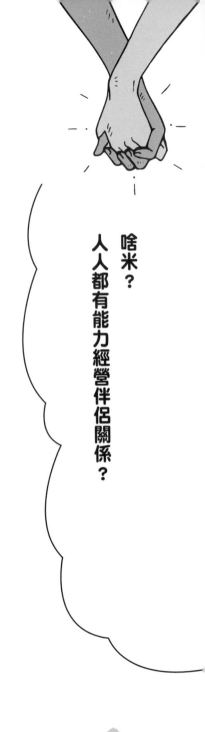

啥米？人人都有能力經營伴侶關係？

是的，你沒看錯。絕大多數想在愛情裡尋找幸福卻徒勞無功的人，因為他們顯然從未找到真命天菜，或是因為他們糾結在一段不幸的伴侶關係中，其實都有潛力與某位伴侶（即使雙方早已是老夫老妻）過著幸福的日子。只不過，前提是，人們必須先學會一些幸福伴侶關係的基本事情，其所關乎的是哪些技巧、要如何學會它們，這一切我都會在本書中仔仔細細地告訴你。充實的愛情關係絕非什麼運氣問題，它其實是種個人決定與個人心態的問題。

誠然，在某些個案中，確實有人完全無法或只能有限度地營造親密的愛情關係。這些人要不就是遭受了巨大的心理創傷，以致完全摧毀了他們對於他人的信任，要不就是缺乏（部分是由於基因所致）對於愛情十分重要的移情能力或情緒擺盪能力。在情緒經驗十分嚴重的干擾下，心理治療的行為受限。就這方面來說，我必須厚著臉皮聲明一下：「人人都有能力經營伴侶關係」，這點在這些情況裡會有所侷限。

不過，我相信：一個人若能在**配合他人**與**主張自我**之間取得平衡；或是，如心理學家所說，在**結合**與**自主**之間取得平衡，（幾乎）人人都能經營幸福的伴侶關係。這聽起來簡直可說是平淡無奇，實際上或許也是。儘管如此，幾乎沒有人意識到，我們的情感、思想和行為，受這兩種能力（一方面能夠配合他人，另一方面也能夠主張自我）影響的程度有多麼巨大。「結合」（配合他人）和「自主」（主張自我）是所有的人都會遇到的問題，它們可說是生存的心理基礎，甚至形塑了我們的「自我價值感」。因為，說到底，我們究竟是偏向於覺得自己很重要且充滿價值，還是偏向於會經常懷疑自己的價值，其實是我們在幼年和成年時，在「結合」及「愛情」與在「主張自我」及「自主」這兩方面，所獲得的經驗所致。

我相信，伴侶選擇還有伴侶關係的成功或失敗，都能歸因於「結合」與「自主」或「自卑」與「優越」（自我價值感）這些對立面。就連渴望擁有愛情關係但卻找不到伴侶，或是只想過著單身生活，這些問題同樣也有無法妥善處理「結合」與「自主」這兩極的根源。

公平、事務分配、妥協、權力鬥爭、吸引力、熱情、性愛、育兒、結婚、單身、外遇、出軌、信任、猜疑……等等，所有這些無論是在伴侶關係、抑或是在單身生活中都扮演著要角的問題，我們都能從參與者的結合渴望與自主需求及自卑感與優越感中找到原因，從這些方面去加以理解，更重要的是著手改善，進而將問題解決。一個人若能在「配合他人」與「主張自我」之間取得妥善的平衡，若能覺得自己與伴侶（還有與其他的人）相互平等，無論是在「關係」上、在「工作」上，抑或是在「享受」上，他都會是個很有能力的人。這三方面的能力同時也是心理健康的三大支柱。

只不過，本書的重點在於「經營伴侶關係的能力」，誠如書名所示。我想說的是，我們人類都渴望著「結合」、「自主」及「提高自我價值」，這些基本需求在我們經營伴侶關係上會有多麼深的影響。我們處理這些基本需求的方式根本地決定了我們想要什麼、我們是什麼樣的人、我們會愛什麼人、我們會如何與自己的伴侶相處、我們會恐懼什麼、我們會如何讓自己免於那些恐懼、我們是否能夠實現自我、我們是否得要任人擺佈、我們會對什麼興致勃勃、我們會對什麼興趣缺缺、我們會在什麼事情上寸步不讓、我們會在什麼事情上委曲求全等等。

此外，為了在愛情中找到自己的幸福，你可以如何改善自己的結合能力和／或自主能力，從而鞏固你的自我價值？為此，我將提供你許多實用的建議與練習。

這是一本適合各種性取向所閱讀的書，因為，本書所闡述的結合、自主及自我價值的機制，在所有的伴侶關係中都扮演了核心要角。雖然本書所舉的例子是以異性戀的伴侶為主，不過，我還是希望，男同性戀者、女同性戀者與變性者也都能同樣感到，所講述的內容指的就是自己。

我想請求的是，你要在愛情中掌握自己的幸福，不要被動地等待伴侶有朝一日會改變自己，或是有朝一日真命天菜會自動送上門來。借助這本書，你可以積極地踏上走向你理想的伴侶之路，或者你也將發現，你或許其實早就找到了他（她）。

書中匯集了許多需要投入的實用練習。你想要積極地執行所有的練習，還是只想隨意地瀏覽，在心中將它們重點整理，這一切全在你。當然你也可以只做那些你感興趣的練習。

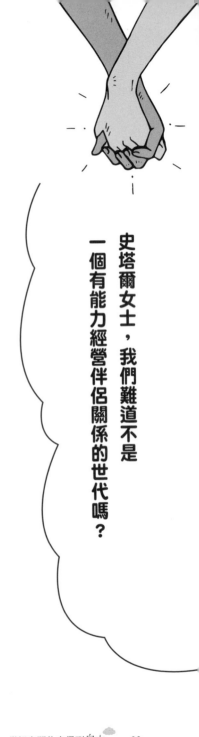

史塔爾女士，我們難道不是一個有能力經營伴侶關係的世代嗎？

在知名部落客米歇爾·納斯特（Michael Nast）所撰寫的《愛無能的世代》（*Generation Beziehungsunfähig*）一書於二〇一六年年初成為排行榜上的暢銷書後，記者們便經常會提出這個問題。納斯特表示，在我們這個社會裡，尤其是年輕世代，過了頭的完美主義與自我優化狂，的確是普遍存在的現象，因此，年輕人變得越來越沒有意願去經營伴侶關係。年輕世代總在尋覓著根本不存在的完美伴侶。此外，「我沒有能力去愛！」也逐漸成為，特別是年輕男性，沒有意願去經營伴侶關係的藉口。這可謂是男性的偏頭痛。此外，許許多多的約會網站則造成了伴侶關係變得越來越膚淺、越來越沒有約束力，誠如納斯特所言。米歇爾·納斯特是根據他個人的經驗來陳述，如同他的廣大支持者所示，許多人都有和他一樣的經驗。

肯定有不少人確實可以被說成是**愛無能**；但情況難道不是向來就如此嗎？難道沒有能力經營伴侶關係的情況如今會比過去嚴重嗎？為了回答這個問題，我先去參考了心理學在「不同世代於愛情與關係方面的表現」這個主題上的各種最新研究，所得出的結果是：困難的伴侶關係和破碎的婚姻其實一直都有，人們不該把伴侶關係／婚姻的存續時間拿來當作是否有能力經營伴侶關係的標準。

時至今日，伴侶分手的情況雖然更為常見，而且分手的速度也變得更快，但這並不是因為人們更沒有經營伴侶關係的能力，而是因為人們對於伴侶關係的品質提高了要求。這與女性普遍越來越能獨立自主有關；相較於過去，如今越來越少女性會願意為了一張「長期飯票」去固守一樁不幸福的婚姻，甚至大多數的離婚都是由女性所提出。此外，社會的束縛也變得寬鬆許多。時至今日，沒有人會為了被視為一個有價值的社會成員而非結婚生子不可。就連性，如今也變得更自由、更沒有約束力，網路的興起使得性冒險變得毫不費力。

不過，所有的這些情況並沒有促使人們變得更害怕伴侶關係，充其量只是讓當事人更容易與自己的伴侶關係恐懼共存。也就是說，如今害怕伴侶關係的人並沒有比以前多，只不過在我們的現代社會中，他們比較容易被看見。此外，在這裡，我還想提醒一句，早在一九六〇年代，沒有伴侶關係就已被宣告成是理想狀態，當時的一句格言是：「一個人若是和同一個人上床兩次，這就算是固定下來！」在完全沒有網路的那個時候，情況也和現在一樣。

沒有能力經營伴侶關係不是網路造成的，不是由此所產生的大量選擇可能性造成的，也不是生活在大城市裡造成的。沒有能力經營伴侶關係其實是我們在原生家庭裡習得的。我們從媽媽和爸爸那裡體驗到了，我們是不是個討人喜歡的人、我們基本上能否相信人際之間的關係。透過父母所獲得的這些印記，會顯著左右我們日後的愛情生活。在過去幾十年裡，兒童的生活條件並沒有變得更糟。一般說來，年輕世代的父母對於有益子女的事物有著更清楚的認識，相較於戰後世代那些飽受創傷的父母，他們更能以設身處地的方式去對待自己的子女。育兒方面的知識有了令人難以置信的增長，就連沒有受過太多教育的族群也都會說，打小孩不是什麼好事。這雖然與更高的離婚率形成強烈的對比，不過，就連大量的相關研究也都顯示，比起父母長期爭吵，子女其實較能承受父母離異。順道一提，**自己的父母支離破碎的伴侶關係，往往是造成一個人害怕與人結合的重要原因。**

當一個孩子必須努力配合，藉以討父母歡心，這時很容易產生與人結合的恐懼。換言之，如果父母無法以移情的方式促進年幼子女的發展，子女就會把經營與父母關係的責任攬在自己身上。依靠父母對於年幼子女而言可謂是生死攸關，他們願意去做所有的事情，藉以換得父母的疼愛。然而，年幼子女卻得為此付出過度配合的代價；為了配合，他們得把部分的自我擱在一邊。到了成年時，這將成為恐懼伴侶關係的溫床。害怕與人結合是由**對於失去的恐懼**以及**對於在親密的愛情關係中會失去自我的恐懼**混合而成。關於這一點，我在後文會有更詳細的說明。

納斯特在書裡所講述的種種現象，諸如尋覓完美伴侶、在第一次約會後就失去聯繫、濫交、不受約束、忽冷忽熱的劇烈變化等等，都是害怕與人結合的典型症狀。然而，若是有人認為，害怕與人結合的人基本上都不會結婚，那他就大錯特錯了！帶有關係焦慮的婚姻其實所在多有；一個或兩個主角會在婚姻中借助無數的疏遠手段保持距離，例如躲避到工作或嗜好裡、無性生活、外遇、沉默不語或經常爭吵等等。

然而，每個人其實都有渴望與人結合的這種天生的基本需求。在最新的民意調查中，這樣的渴望也被準確地描述為：絕大多數的人總是希望，能夠找到人生的伴侶，與自己的伴侶終老。這點一點也沒有改變。就連我個人的觀察也證實這一點。我認識許多很早（有些甚至早在學生時代）就已經和某位伴侶結合且從一而終的年輕人。在我的那個時代幾乎沒有這樣的事；從前我們其實較常更換伴侶。或許，如今我們所面對的，甚至是一個「有能力經營伴侶關係」的世代。

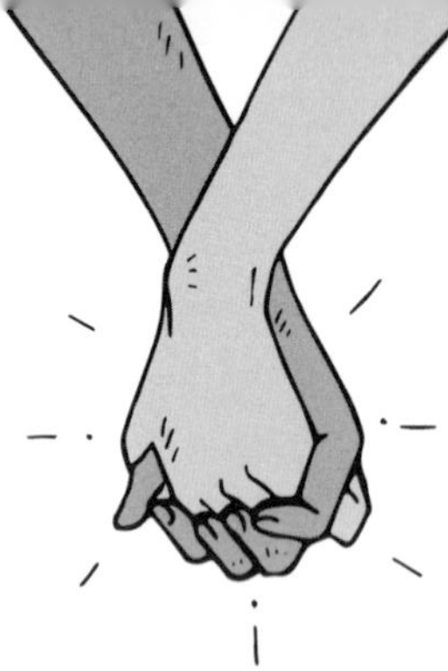

結合與自主

如前所述，我們渴望與人結合、渴望歸屬的需求，還有我們想要當個自由、自主的人的需求，這些都是我們作為一個人的生存基本需求。我們的一生，從開始到結束，都被這些基本需求所滲透。我們連著臍帶來到這個世界，接著就被切斷了連結。如果一個嬰兒沒有關懷他的關係人，他將活不下去，他完全仰賴他人的保護與照顧。也就是說，我們在這世上的最初體驗，是由生存的依賴性所決定。結合與依賴相互關連。嬰兒唯一能夠自主發動藉以引人注意的行為就是——哭。唯有哭，他才能影響他的父母。

如果父母對此不理不睬，就讓小孩這麼一直哭下去，小孩就會知道，自己的行為是無用的，哭不能夠為自己的生存發揮任何影響。這是一種軟弱無能的深刻體驗，其影響會一路延伸到成年時期，特別是當，就連在童年與青少年時期裡，大部分的情況也都是孩子不太能夠影響自己的父母，因為父母無視孩子需求，採取嚴格、權威的行事方式。

我們的人生發展是被設計成變得越來越獨立、越來越自主，其目的就是，在我們長成一個年輕成人時，可以脫離父母自主地過著獨立的生活。在這樣的情況下，孩子的影響力也會在成長的過程中變得越來越大。孩子會學著抓取、爬行、走路、說話，他的行為空間會變得越來越大。另一方面，成長者的關係需求同時也扮演了一個重要的角色。起初是與父母的關係，接著是與其他的家人例如兄弟姊妹和祖父母的關係。在幼兒園裡，關係架構擴大到了與保育員和玩伴的關係。進入中小學後，則繼續擴大到與老師和同學的關係。從青春期起，多半就會開始伴侶關係的初步嘗試。

我們的一生可說是，一方面致力於滿足與人結合的渴望，另一方面又致力於能夠自主、自由地行為。在這當中，與人結合的需求當然不只侷限於伴侶關係，它們同樣也能在聊天中、與大夥一起在公共場所觀看轉播中、與朋友一起上酒吧或聚會中得到滿足。如果在人生的頭二十年裡，我們不但變得越來越自主，而且人際關係架構也越來越擴張，到了中年時，我們在結合與自主之間就會取得良好的平衡。相反地，當接近人生終點時，我們的自主性又會再度大幅下降，因為這時我們又得仰賴他人的幫助，而且我們也會失去與我們關係親近的同齡人士的連結，因為這些人必然會一一凋零。最終，隨著死亡，我們的種種連結和自主都將瓦解。

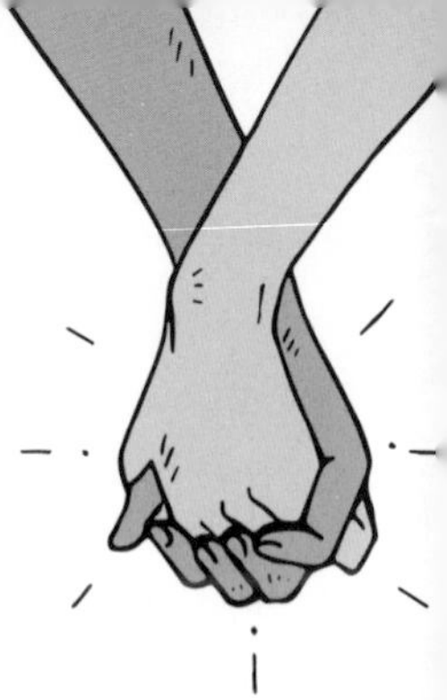

配合他人與主張自我

人際關係（無論是什麼樣的性質）若要成功，參與者就必須同時能夠「配合他人」與「主張自我」。配合他人有益於我們的結合需求，主張自我則有益於我們的自主需求。一個人若是無法配合他人，他就難以與他人結合；一個人若是無法主張自我，他就會在一個關係中失去個人的自由。大多數的人，要不就是傾向於過度配合、要不就是傾向於過度設限。有些人則是根據關係的種類與階段擺盪在這兩極之間。他們可能會在某段伴侶關係中屈從於一個強勢的伴侶，但在另一段伴侶關係中卻又居於強勢的地位。

過度配合的人，在人際關係中，特別是伴侶關係，會強烈壓抑自己的願望與需求。他們會試著盡己所能地去滿足對方的期待。受到潛意識的恐懼所驅使，他們害怕若不如此，自己將會失去與對方的親密關係。然而，過度配合的人卻也有可能選擇一條完全相反的路，藉由逃避親密的伴侶關係，或是總在親密時刻過後再度與對方保持距離。在這樣的脈絡下，人們也許會說這是害怕與人結合。除了一再地或終局地疏遠自己的伴侶，當事人看不到其他任何能夠拯救個人自由的可能性。唯有當他們獨處時，或是和不會對他們有特殊期待的人在一起時，他們才能真正感到自由與獨立。唯有當身邊不存在任何會對他們有特殊期望的人，他們才會允許自己根據自己的願望和需求行事，從而得以好好地感受自己的那些願望和需求。

為了能夠配合他人，我們需要某些社交技巧，例如我們必須能夠察覺與理解對方的願望。這點得要借助人類的移情能力——**同理心**。同理心能搭起聯繫我們與對方的橋樑。人與人的結合與人際關係需要參與者走向彼此、敞開心胸、尋求妥協、相互融合、關注、讓步、團結與扶持。所有的這一切行為方式都有益於配合與結合。配合需要的是，我們降低與對方的差異，變得與對方更相似，滿足對方的期待，藉以讓對方接受我們。在情感的層面上，愛意、好感及性吸引力會激勵我們；這有別於配合一般的社會規則或社會規範，我們需要的是羞恥心。

不過，為了能夠與他人結合，我們同樣也需要一定程度的個人自主，否則我們會陷入自我和自由喪失在人際關係中的危險。這是一種許多人在想到親密的伴侶關係時總會感受到的危險。主張自己的利益和需求所需的能力截然不同於滿足結合渴望所需的能力，這時必須能夠區分與設限。我們的目光不是擺在共同與連結上，而是擺在我們與伴侶間有何不同、有何差異，藉由將自己和對方區別開來，就能與對方拉出了距離。也因此，我們必須冒著（至少一時半刻）失去與對方的親密關係這樣的風險。為了強化這樣的分離，我們需要自己的意志，以引領走向我們的目標和利益。此外，當然也必須具備一定程度的衝突能力；我們必須能夠主張與捍衛自己的立場。

與自主有關的概念包括了：自由、控制、劃界、權力、自決、放手、告別、分離、支配、競爭、比賽等等。換言之，這裡所關乎的是個人的生存鬥爭與個人利益的實現，若有必要，甚至還得對抗他人或伴侶的利益。因此，為了個人的自由與自主，我們還需要分離與放手的能力。隨著長大成人，如果要走自己的路，我們就必須脫離父母，有時甚至還必須脫離其他的人。

分離的能力（它同時也是允許做這件事的許可）其實也是允許我們進入伴侶關係的前提。也就是說，一個人若是覺得，自己再也不許擺脫或永遠不許脫離某個可能的伴侶，他在真心對伴侶說「我願意」這件事情上就會感受到很大的阻力。畢竟，在這種情況下，失去自由的想像實在太過巨大。一般來說，這類當事人至少曾在父母的某一方身上經驗到，他們無法在完全沒有罪惡感的情況下放手。母親失望的表情或許會在他們心中烙下深刻的印記，這樣的印記會將伴侶關係與過多的依戀及責任連結在一起。

在情感的層面上，為了維護自主，我們需要攻擊性，或許也可把它說成所謂的「分離攻擊」。當我們的個人界線遭到他人逾越，當我們不被理解、遭到打擾、遭到阻止、遭到拒絕、遭到侮辱或遭到不公平的對待，我們會感到憤怒，會想要攻擊。攻擊性是不可或缺的，藉此我們才能保護自己、防衛自己。此外，為了在人生中獲取某些想要的東西，我們也需要一定程度的攻擊性。

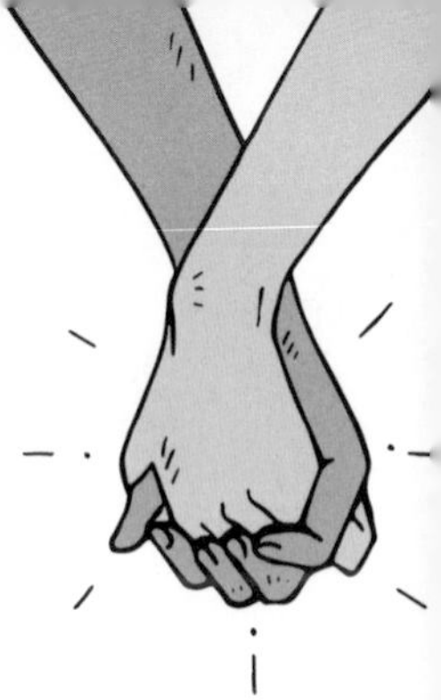

自卑與優越

除了自主及與人結合的渴望，我們還有渴望受人肯定與接納的強烈需求。自我價值與我們的人際關係品質及主觀感受到的防衛性密切相關。一個能夠維護自己的人，就會在心理上感到堅強；一個擁有充滿關愛且可長可久的關係的人，就會在心理上覺得自己為人所接受、自己有所歸屬。這兩者都會強化自我價值。

問題是，我們得要做些什麼，才能為人所愛、為人所接受？我就只是簡簡單單地做我自己，這樣夠嗎？在一段關係中，我可否堅定地捍衛自己的情感、願望和需求？或者，我其實得要滿足他人的期待，迎合他人？這些問題的答案取決於我們的**自我價值感**。如果擁有穩定的自我價值感，我們就會覺得做自己是OK的，我在一個伴侶關係中不必扭曲自己、隱藏自己。

相反地，如果我們的自我價值感稍微甚或強烈受損，我們就會得出這樣的結論：我必須設法以某種方式被愛！

這裡存在著一個對於關係問題來說極其核心的癥結：許多人都不敢誠實地表現出自己。他們會藉由壓抑某些情感、減少表露自己的需求、扮演某種角色、避免衝突、粉飾太平等方式，來隱藏部分的自己。他們不覺得自己和伴侶真的平等，他們會臆想自己在某種方式上遜於對方。然而，如果我們覺得自己不如（看似）較強勢的伴侶，我們的自然反應就會是屈從於對方（或逃避對方）。迎合是屈從的妹妹，它將導致我們努力地去滿足看似較強勢的伴侶的期待，好讓我們被對方所喜歡、被對方所接受。換句話說，在這種情況下，我們犧牲了一部分的自主，藉以滿足結合的渴望。

然而，誰居於弱勢、誰居於強勢，這並非單獨取決於我們所感受到的自我價值，同樣也取決於我們在關係中感受到的安全感。因此，兩個同樣有著不穩定的自我價值感的人墜入愛河，理論上他們可能完全平等。然而，經常發生的情況卻是，伴侶中的一人會藉由與另一半保持距離來保護自己不穩定的自我價值感，另一個伴侶則會拚命地迎合、依附對方，換言之，感覺到非常強烈的結合渴望。

在這裡，關係動力學當然也扮演了一個重要的角色：看似較為自主的伴侶越是把彼此的距離拉遠，他就會越強烈地在另一半身上引發失去對方的恐懼，其結果就是在另一半身上激發強烈的依附刺激。在這種情況裡，「逃避親密者」掌握權力，「依附者」則是軟弱無力。透過這樣的權力落差，逃避者站上了強勢的、優越的位置，依附者則會感到自己弱勢、卑微、任人擺佈。在這當中，為了爭取自主的伴侶不但能以「主動」的方式疏遠對方，例如將與對方在一起的時間壓縮到最小的程度，而且盡可能也在身體方面保持距離，他們也能以「被動」的方式疏遠對方，例如身體雖然在場，但卻不太敞開心扉，而且幾乎不會致力於關係的維繫。

理想的狀態應該是，兩個人平等地對待彼此，而且彼此也都感到平等。在這樣的情況下，無論是兩人對於結合、親密、依靠的渴望，抑或是兩人對於獨立、自主的需求，都能相互調和。為了達成結合，他們可以信賴、傾聽、同情、奉獻、讓步、妥協。為了達成自主，他們可以誠實、維護自己的願望與需求、辯論、談判、爭吵。如果伴侶除此之外在價值與利益上還有某些共同性，他們將擁有幸福且鮮活的伴侶關係。

該如何辦到，這正是本書所要告訴你的。

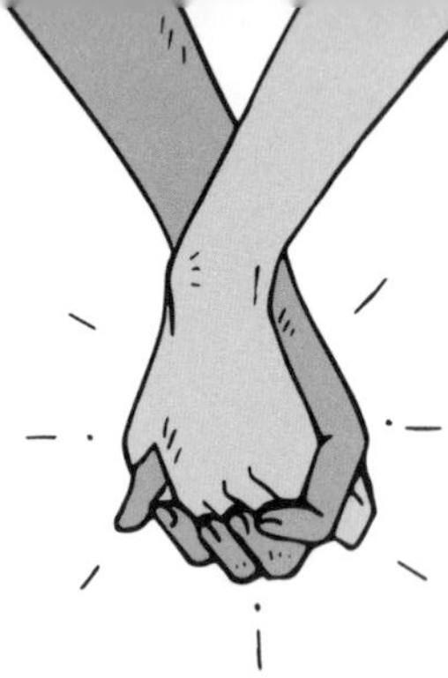

我們的關係程式

如果想要理解自己的互動模式，童年時期所受的種種影響極其重要。最初的愛的關係是與父母的關係。在這當中我們學到了，我們是否值得他人的照顧、能否左右自己的生活。我們從父母那裡獲得了結合與自主方面的生存經驗。這些經驗深深地烙印在我們的大腦裡，特別是在情感世界中。這涉及到了一些深度的調節，它們會作為無意識的心理程式被帶進成年時期。其中的原因之一在於，大腦發展的核心步驟是在出生後的頭六年裡完成，在這段時期裡所獲得的經驗會促成某些神經元連結，接著會如繪製地圖般形塑我們的大腦。

關於這一點，我想借助一個具體的例子來加以說明：茱莉亞（Julia）與羅伯（Robert）在一起已有兩年的時間。她在這段關係中經常都會感到孤獨。在初期的熱戀後，羅伯就與她越來越疏遠。他老是在工作，總是沒有什麼時間陪她。就連兩人好不容易在一起時，他也是顯得壓力重重、心不在焉。茱莉亞在這段關係中深為失去對方的恐懼所苦，她做了很多事情去討好羅伯，希望能藉此拉近與羅伯的距離。在茱莉亞的記憶中，她的父母對於子女其實是充滿關愛的。只不過，身為公眾人物的他們十分忙碌，因此經常得將茱莉亞交給保姆照顧。

年幼時的茱莉亞經常都會覺得孤單，常常都會強烈地渴望父母。這個年幼的茱莉亞，作為所謂的「內在小孩」，始終還隱藏在成年後的茱莉亞身上。**內在小孩**是種心理學的隱喻，用來指涉那個一再無意識地掉回童年模式的人格部分。羅伯的疏遠喚起了茱莉亞的內在小孩；她感到和從前一樣地孤獨與無能為力，正如同當時她的父母經常在世界各地奔波，把她一個人留在家裡；正如當時對於自己的父母，如今她仍無法對目前所面臨的困境發揮任何影響。羅伯總是自顧自地做著自己的事情。她已多次徒勞無功地請求過他讓彼此更親近。在這段與羅伯的愛情裡，茱莉亞一直在竭力爭取更親密的關係。

羅伯身上當然也住著一個「內在小孩」。他的母親極為疼愛他，緊緊地守著他。年幼時的羅伯經常會覺得，自己不能夠讓母親孤單，特別是因為他的父親往往不在家。年幼的羅伯察覺到了母親孤單、不幸福的感受，於是無意識地扛起了照顧母親的責任。相應地，當他寧可跟朋友相約出去玩耍不願待在家裡陪伴母親時，他就會有罪惡感。也就是說，羅伯的內在小孩被形塑成，他把伴侶關係與束縛、責任及罪惡感連結起來。因此，在與茱莉亞的愛情裡，他經常會覺得自己喘不過氣來，這也就是為何他會逃避到工作或其他的活動裡。在這段與茱莉亞的愛情裡，羅伯一直在竭力爭取自己的自由與自主。

倘若羅伯與茱莉亞想要擁有一段幸福的伴侶關係，他們首先就得學著去理解自己的內在小孩，換言之，必須去認識他們那些根深蒂固的、無意識的童年模式。唯有如此，才能在下一步裡進行改變。羅伯可以藉此了解到，就算再親密的伴侶關係中他也可以是一個自由的人；茱莉亞則可以藉此動起來，改善自己的自主能力，從而不再感到那麼地依賴羅伯，停止想要緊緊地抓住羅伯。

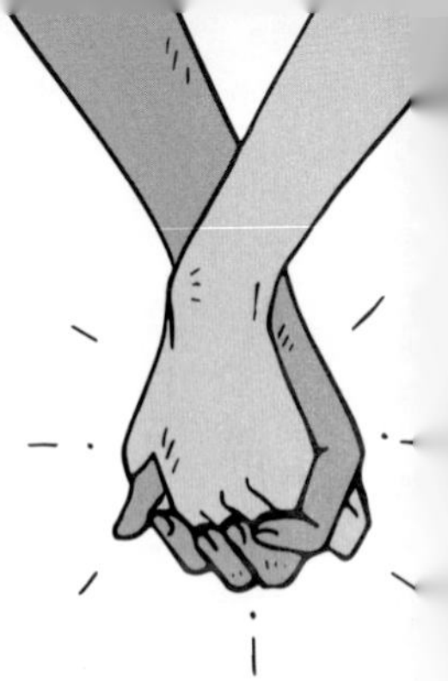

我們的擇偶模式

如果想要改善伴侶關係，或是想要找到能讓我們幸福的伴侶，我們就得好好地分析一下，至今為止到底哪裡出了問題。我們往往認為，總是遇到不對的人是命運的問題，或者，如果愛情關係陷於困難，那都是伴侶的錯。我們具有將自己的不幸福歸咎於外界的傾向。事實上，原因鮮少存在於我們所歸咎的那些地方；在我看來，命運其實是無辜的。我認為，就最廣義而言，所有問題（這同樣也適用於所有的關係問題）都是自己造成的。或許你會覺得這種說法太過武斷，它會引發你的反駁。也許你有一個真的很難相處的伴侶，正如前述例子中所提到的羅伯。不過，問題來了，你為何偏偏選擇了這個伴侶呢？為何你還一直和對方在一起呢？或許你會認為，自己就是還沒遇到那個對的人，或者，自己總是愛上不對的人。或許你也會這樣反駁：為何我得要有一個固定的關係？我對此一點興趣也沒有，我寧可單身！

的確，人們總是認為，我們能否找到對的人，和對方在一起能否讓我們幸福，這完全是偶然或運氣的問題。然而，事實上，我們的潛意識，換言之，我們的內在小孩，對於我們愛誰或不愛誰，具有顯著的影響力。如果我總是遇到不對的人，這顯然與我的戀愛程式與我無意識的擇偶模式有所關連。如果我陷於一段困難的伴侶關係，這同樣也與內在小孩有關；內在小孩經常會導致關係不順。如果認為自己不需要任何固定的關係，寧可單身或到處拈花惹草，這同樣也可歸因於自己的關係程式。

我們的關係程式和擇偶模式彼此相互交織、相互依存。關於這一點，我想再次借助茱莉亞與羅伯的例子來做說明：茱莉亞的關係程式受到了父母經常留她獨自一人在家的影響，這也就是為何，她的內在小孩強烈渴望結合與愛。為了有利於結合，茱莉亞在結合與自主間失去了平衡。茱莉亞擁有一切迎合的技巧；她追求和諧，願意委曲求全，努力地做對所有的事情，努力地滿足羅伯的期待。相反地，獨立自主對她來說卻是難事一樁。

她雖然有個好工作，生活無虞，而且單身時也能好好地過活，但她的內在小孩卻對於獨立與孤單感到恐懼。她在某個很深的層面上無法真正適應這樣的生活。茱莉亞渴望能有一個強大的人引領她過一生。對於她的內在小孩而言，有個人陪在自己身邊是最安全的選項。也因此，茱莉亞在她的伴侶身上尋找的正是她所欠缺的：一個堅強、自主的我。她（無意識地）認為，這正是自己在羅伯身上所找到的。羅伯是個很酷的傢伙，他所散發出的獨立與堅強，對茱莉亞有很大的吸引力。

相反地，羅伯的內在小孩卻對過度親密感到恐懼。在那樣的情況下，他很快就會感到自己彷彿被捕捉、被操控。因此，對於羅伯的內在小孩而言，最安全的選項就是只依靠自己。換言之，為了有利於自主，他的內在平衡遭到了破壞。也因此，他喜歡像茱莉亞這種散發出許多溫暖的女性，因為，雖然他的內在小孩害怕與人結合，但同時卻又十分渴望與人結合。也就是說，茱莉亞具有他比較缺乏的那些能力。

茱莉亞比較青睞很酷的傢伙，那些和藹、體貼的男性反倒會讓她覺得無聊。換言之，只要她不改變自己的擇偶模式，她就找不到對的人。她將總是覺得，那些在伴侶關係中需要距離感和個人自由空間的男性，特別具有吸引力，但那正是讓她感到不安和恐懼的事情。她必須學著變得更自主、更獨立，如此一來，她就無須在某個看似堅強的對象身上尋找這些東西，她其實可將這一切內化於自己身上。在這樣的情況下，她看男人的眼光就會改變，而且她將很快就會看透，某些很酷的傢伙一點也不酷，他們其實只是在與人結合方面有問題。另一方面，這時她很有可能也會開始去注意那些乍看之下沒有那麼酷的男性，因為她此時是誠實地在面對自己、踏實地在過活。

相反地，如果羅伯藉由消弭自己對於親密的恐懼，去改變自己的關係程式，他也就不再需要躲避茱莉亞，能夠自在地投入與茱莉亞的親密關係中。

如同茱莉亞與羅伯，大多數人也是如此，喜歡在伴侶身上尋找我們所缺乏的東西，尋覓著我們「更好的另一半」。這種期盼藉由伴侶來補充或完整自己的渴望，在絕大多數的情況裡都是無意識的；我們的內在小孩暗中地積極參與了伴侶的尋覓，他想要治癒自己過去所受的舊傷。在茱莉亞身上，這樣的傷就產生於孤獨地被父母留在家裡，至於羅伯則是深為母親的牢牢抓住所傷。然而，想在伴侶身上為自己在童年時出問題的事情找些彌補，這樣的試圖往往都會流於失敗。

內在小孩需要自身的療癒，他越是健康，就越有經營伴侶關係的能力，從而也就越容易認識正確的伴侶。為此，他有可能得要脫離某個既存的伴侶關係；不過，也許他也會學著更加去珍視、疼愛既有的伴侶。

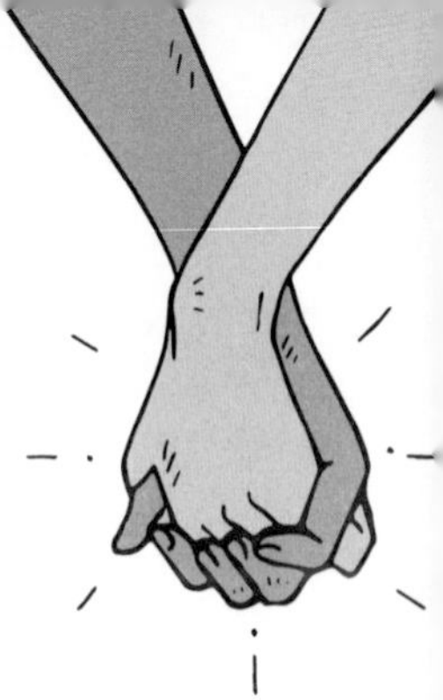

典型的男性，典型的女性

男性和女性的行為方式確實存在著差異。問題是，它們是基因所造成、還是教養所造成？過去很長一段時間，人們總愛說天生的性別差異，而且某些研究似乎也證實了這一點。不過，最新的相關研究卻顯示，男女之間的遺傳差異遭到了過度的詮釋，事實上，兩性的行為與思考方式，在很大的程度上其實是受到了一個社會用來教養少男、少女的角色模式所影響。由美國學者麗莎．艾略特（Lisa Eliot）所做的一項大規模的研究，便表明了這一點。★

無論原因為何（基因和／或教養），約有三分之二的男性偏向於自主的極端，有別於約

★ 參閱 http://www.zeit.de/wissen/2010-06/hirnentwicklung-kleinkindergeschlechter

有三分之二的女性偏向於結合的極端。這種情況會在溝通與行為上造成什麼影響呢？首先，男性會比較強調「事實」，有別於女性比較看重「關係」。一般來說，男性比較容易對事物保持距離，做出強調動腦的決定。女性則會比較注重合作，她們比較會去考慮，自己的決定或許對其他人會造成影響。當茱莉亞告訴羅伯她和某個朋友發生的問題時，她會期待羅伯傾聽她、同情她；相反地，羅伯卻是努力地在為茱莉亞所遇到的問題尋找解答。然而，茱莉亞其實根本不想知道那些，也許在與羅伯對話的過程中她自己就會想出答案；她所要的，其實只是羅伯的參與。

對於這種經常發生在男女之間的溝通問題，心理學家暨作家比昂・遜福克（Björn Süfke）有個合理的解釋。遜福克表示，在男性的社會化中，「弱勢情感」或「軟弱情感」是不受歡迎的；軟弱、無助、悲傷、恐懼、羞愧，傳統上較傾向於由女性而非男性來感受。男孩子很早就得學著去壓抑所謂的弱勢情感。相反地，快樂與憤怒則是被允許的。且容我提醒一下：憤怒與攻擊性是屬於自主這方面的情緒。如果茱莉亞感到悲傷，覺得有些無助，因為她和自己最好的朋友發生衝突，這時羅伯會感到很不自在，因為他並不想要涉入這類情感當中。

然而移情卻正是得要這樣才能運作；人們必須去接觸自己的悲傷，藉以感受他人的悲傷。不過，如果這條連接自身情感的線無論如何都具有危險，那麼人們必然也會忽略對方身上相應的情感，因為它們就是會在一個人身上喚起那樣的情感。換言之，缺乏同理心是為了防禦自己的弱勢情感，它們是男性所不想感受到的。然而，同理心這時候卻是我們在與人結合上不可或缺的一項基本能力。男性（就連女性也有這種情況）難以本於同理心設身處地為對方著想，從而也降低了他們的結合能力。

如果你是個不善同情的人，我想建議你，首先允許你自己感受自己的弱勢情感，其次敞開心扉接受他人的這些情感。你可以藉由完全有意識地觀察自己的情感，去建立與它們的聯繫。舉例來說，如果你感受到了淡淡的哀傷，這時請不要一如既往地推開它，請你反其道而行，賦予它一個內在的空間。請你不必擔心，它不會永遠賴著不走，也不會撕裂你。情感總是暫時的，無論是正面的情感、還是負面的情感。你與自己的情感連線越順暢，他人的情感在你看來就越不費解。

由於男性比較注重事實，許多男性基本上偏好談論事實更勝於談論關係，而且他們也喜歡為了共同的任務聚在一起。對於男性來說，「併行」是一種怡人的共處形式，這代表著，他們會肩併著肩一起去鑽研一部汽車、去釣魚、去駕駛帆船或去打高爾夫。相反地，女性在講話或做事時則是比較喜歡面對面。

此外，競爭和比賽在男性方面又比在女性方面扮演了一個更重要的角色。男性喜歡相互比較，他們喜歡展示自己所擁有的東西。競爭的時間消磨必須被歸類成自主的部分，因為這裡所涉及到的，並非「什麼是我們共同都有的」，而是「什麼是我比你好的」。由於許多女性寧可固定在結合的那一邊，因此她們較會去強調共同點；相較於彼此一較長短，她們更在乎的是促進理解。這種情況早在幼年時期就已顯現，女孩比較喜歡玩些可以彼此一起形塑的遊戲，男孩則比較喜歡玩些可以相互競爭、爭鬥的遊戲。我們經常可以見到，當友好的幾對伴侶聚在一起時，男性會一連數小時在談論政治，女性則會一直在談論某些個人的隱私。

不過，女性當然也可以是事實取向、問題取向、競爭取向，正如男性也可以是關係取向、移情取向。我們所說的其實只是統計上的多數情況；兩性其實都具備這些能力，他們分別都能在自己身上培養與訓練不夠發達的那些能力。這些能力其實都有它們各自的優點。重要的是，兩性應該培養對於差異性的理解，別去譴責它，而要去珍視它。女性可以學著自信地進行辯論，學著無拘無束地將自己的能力展現出來；相反地，男性則可以學著培養自己的移情能力，學著多點共鳴、少點競爭。

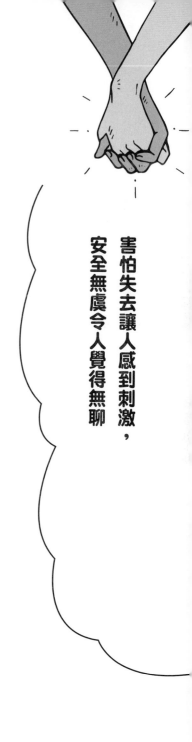

害怕失去讓人感到刺激，安全無虞令人覺得無聊

深受結合恐懼所苦的人，對於以下這樣的現象應該不會陌生：當伴侶的好感對他們來說是十拿九穩時，伴侶就會突然失去對他們的吸引力；反之，若是伴侶讓他們感到不安，或者行事總是背離他們的期望，他們就會強烈地愛著對方、深受對方所吸引。在這個脈絡下，人們也會提到被動和主動的結合恐懼。在前面的例子裡，被動的伴侶就是緊緊依附著羅伯的茱莉亞，一再製造距離的主動伴侶則是羅伯。誰是主動、誰是被動，會在不同的伴侶關係間改變，但卻也可能在一個伴侶關係中改變。舉例來說，如果茱莉亞因為認識了另一位男性，不想再和羅伯繼續糾纏下去，羅伯很有可能會突然燃起對茱莉亞的愛意，想要把她搶回來。在從前曾與瓦樂莉（Valerie）有過的一段感情中，羅伯就曾扮演過被動的角色。瓦樂莉是個既

熱情又任性的人，她對待羅伯的方式往往是高度地矛盾。羅伯曾經十分迷戀她。

而茱莉亞則是為了和羅伯在一起而與她的前男友克里斯（Chris）分手。在那段戀情裡，克里斯相形之下是屬於依附的一方，茱莉亞對此深感失望，因為她把克里斯的依附性視為軟弱。在與克里斯的伴侶關係中，尤莉亞曾扮演過主動的角色。

這當中究竟發生了什麼事？只要我們在伴侶關係中感到不安（就算是在維持了一輩子的婚姻裡也會發生這種情況），我們對於失去自主的恐懼就會沉默，這時對於失去對方的恐懼，換言之，結合渴望，會變得十分活躍。也就是說，大腦中的「結合系統」受到啟動。一個被啟動的結合系統處在某種高度的警戒狀態下，無論如何都想促成我們與目標對象的結合。處於這種狀態的人會被對於失去對方的恐懼所驅使，會竭盡所能地設法去控制這樣的狀態。一個被啟動的結合系統會產生以下的「症狀」：

① 覺得自己完全墜入愛河，極度渴望著對方。
② 除了對方以外，幾乎什麼也不想。
③ 會理想化對方，幾乎把對方給捧上天。
④ 相當執著地期待一個快樂結局，期待對方最終還是會確實地投入這段關係中。

⑤利用一些招數或追求完美來取信於對方。
⑥故作冷漠，或是試圖引起對方嫉妒，藉此抓住對方。
⑦一直活在失去對方的不安和恐懼下，這又可能會導致更大的哀傷。
⑧像上癮般依賴著對方。
⑨覺得在與對方的關係中自己的行為相當錯亂。

在這當中，被啟動的結合系統還有害怕失去對方的焦慮，會被感受成最大的熱戀。問題是，這樣的熱戀完全與愛無關！**愛是一種安全的、深度的、平靜的情感**。如果對方放出一些矛盾的信號，人們無法因而感到安全，結合系統就會一直保持活躍，即使已經在一起很久，或是已經追在對方後面很長一段時間。正由於結合系統一直保持著活躍，當事人就會認為，自己所面對的是難得一見的偉大愛情。事實上，那只是強烈地作用在害怕失去對方的焦慮。

在與瓦樂莉的那段戀情中，羅伯受此焦慮所苦，於是他的結合系統轉動了起來。它給了他偉大愛情的幻象。即使時至今日，他的內心當中依然沒有完全放開瓦樂莉，總以為瓦樂莉或許才是他的真命天女。

反觀在與克里斯的戀情中，茱莉亞的結合系統並未啟動，因為克里斯給了她安全感。當她認識了從一開始就不斷釋放出一些曖昧、矛盾信號的羅伯，她的結合系統反而再度運轉了起來。不幸的是，她把失去對方的恐懼和愛混為一談，用有結合能力的克里斯去交換逃避結合的羅伯（與克里斯在一起，她或許可以變得幸福）。

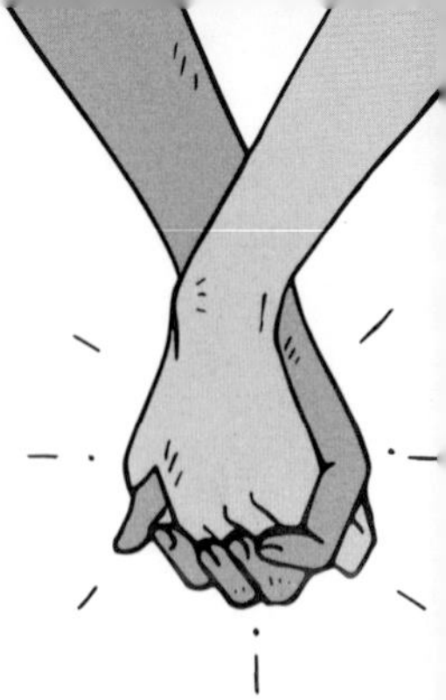

突然的感情死亡與其他的疏遠技巧

愛情關係往往都是始於雙方某種程度的不安。剛開始時，雙方多半都會努力確保對方的愛情。抓住愛情對象的渴望與我們的自我價值感緊密相關，若在愛情中遭到拒絕，會嚴重打擊自我價值感；反之，成功地征服對方，則會強化自我價值感。

處於墜入愛河狀態的彼此，其被激活的結合系統會想控制整個局面，確保自己的自我價值感。當目標對象獲得了確保，自我價值感就會得到確認，結合渴望也會暫時獲得滿足，相應地，結合系統就會隨之平靜下來。然而，一旦關係穩定了下來，像羅伯這樣害怕結合的人卻又會開始對失去自主感到焦慮。在建立了穩固的關係後，他們會突然覺得自己被對方的期待所包圍，對於在最初的激情中所給的某些承諾感到後悔。忽然間，他們開始感到不舒服、不自在，這時候他們的「自主系統」會運轉起來，這往往會導致「突然的感情死亡」。

墜入愛河的熱烈情感冷卻，對方一下子失去了吸引力。一旦羅伯覺得自己穩穩地鉤住了茱莉亞，他就會感到自己受制於她對他的期待。從這時起，他就會無意識地連接到他那會干預他、對他充滿期待的母親。然而，只要他在與茱莉亞的戀情中尚未感到完全安全，他就會被遭拒的焦慮所左右，在這段期間裡，重要的就只有征服、穩固茱莉亞。在過了墜入愛河的初期階段後，自主系統會設法保持必要的安全距離，只是這樣的疏遠卻可能導致分手。

被啟動的自主系統典型的特徵有：

① 尋覓完美的伴侶。

② 一旦度過征服階段後穩穩地鉤住了對方，缺點放大鏡就會跟著登場，開始聚焦於對方的缺點。那些缺點會被放大到令自己不禁強烈地懷疑，是否找到了正確的對象。

③ 成為調節關係親疏的獨裁者，亦即會成為片面掌控對方何時可以親近自己的人。

④ 不會致力於一個共同的未來，反倒經常忙著趕赴各式各樣的約會。

⑤ 當對方逗留在他們的住處，會不禁覺得對方彷彿是入侵者。

⑥ 對伴侶關係感到懷疑，甚至萌生分手的念頭。

⑦ 在與對方親密的時刻過後，又開始神隱，再度疏遠對方。

⑧ 經常不讓對方聯絡上自己。

⑨ 在與對方接觸的過程中，會在心理封閉自己。

⑩ 失去與對方發生性行為的興趣。

⑪ 把與對方在一起的時間縮減至最少。

⑫ 觀望其他許多具有吸引力的伴侶候選人和／或迷戀先前的伴侶。

⑬ 開始與別人搞曖昧和／或經常偷吃。

自主系統的背後隱藏了某種過度失去對方的焦慮和／或某種過度被對方綁住的焦慮，這兩種焦慮經常是相互關連。自我價值感低落的過度配合者會認為，為了取悅對方，自己必須扭曲自己，滿足對方所有的期待。但這麼做卻也會喚起內心的蔑視與抗拒，因為他們並不想要失去自我。為了避免失去自我，他們就會疏遠對方。這些內心的過程往往都是在無意識下進行的，當事人其實只會感覺到自己對於伴侶的強烈懷疑，他們會不禁自問，**自己是否真的找到對的人？**

害怕被對方綁住，這種焦慮是種純粹的投射，換言之，一種將責任推給別人的擔憂。它是由「自己必須迎合對方的期待」這種深刻的感受所造成。當事人在幼年時未能學會，自己其實可以共同參與關係的形塑；也就是說，他們一直以為，自己必須忍耐，必須忍受既有的關係。因此，一旦他們穩穩地擁有了對方，對方在他們眼裡反倒會變身為想要綁住、操控他們的敵人。他們唯一能夠察覺到的形塑自由，就是內在地與外在地從關係中撤退。

不過，就心理邏輯而言，這種受束縛的感覺其實是在伴侶關係變得較有約束性時才會出現。在這當中，約束性的定義其實會因結合焦慮的嚴重程度而有極大的不同。有些人在調情時就已經開始踩煞車，有些人則要等到結婚後才開始退縮。無論如何，一旦當事人主觀上有了「現在開始變嚴肅」或「我再也無法逃脫」這樣的感覺時，往往就會有退卻的情況發生。

相反地，一個人若是處於被動的角色，如同茱莉亞那樣，她會誤以為自己找到了真命天菜，沒有對方就會活不下去，或是再也找不到能讓自己如此幸福的人。一旦結合系統強力運轉，對方就會被無限上綱地理想化。這時當事人會覺得自己特別地沉迷、軟弱無力且任人擺佈，這種依賴性完全與愛無關。

茱莉亞和羅伯其實都能有個快樂的結局，至於如何做到，這正是本書所要告訴你的！

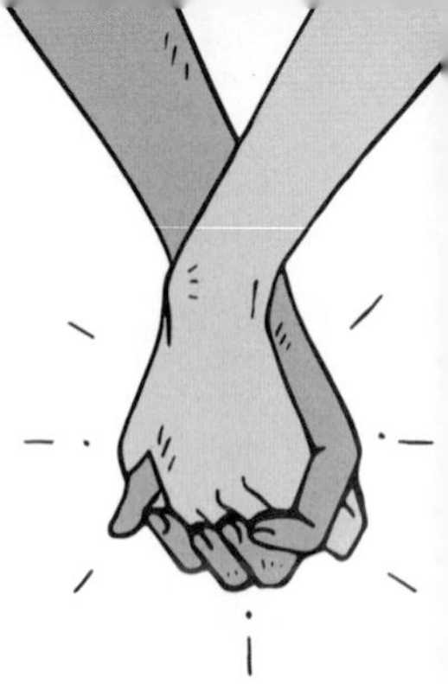

愛意喪失的其他原因

最初極為渴望的對象之所以會突然失去吸引力，其實還有其他原因。並非只有拘束和失去自主的危險，會讓某些人對親密關係退避三舍，害怕失去對方的焦慮過於巨大，其實也會造成這種情形，這也可以說成是「焦慮性逃避結合」。這種人會同時在內、外設下邊界圍欄，藉以保護自己免於受傷。他們擔心，如果自己真的信任對方、向對方敞開心扉、掏心掏肺，對方會離自己而去。然而，一般來說，一直要等到對方和他們正式交往，他們才會設置內心的防護柵欄。只要他們沒有穩穩地擁有對方，他們就能感受到巨大的渴望和愛意。隱藏在這背後的邏輯就是：**我未曾確實擁有的東西我也不會失去**。某些焦慮性逃避結合者，也會藉由愛上絕對無法擁有的人，去逗留在迷戀的狀態中。

◐ 你不為我打扮！

除此以外，對於自身缺點的不寬容，也會在愛意的喪失中，甚或是在完全不讓愛意產生中，扮演一個重要的角色。非常在意自我表現且努力想要留給他人好印象的人，會難以承受伴侶的缺點，因為就連伴侶也都必須符合他們的自我表現系統。伴侶必須在各方面都是可被誇耀、可受好評，否則的話，他們的虛榮心就會受到重創。

這種情況也可以稱為「自戀」。自戀者有著不穩定的自我價值感，他們會藉由追求完美與宏偉來彌補不穩定的自我價值感，這也就是為何，他們的舉止往往顯得格外有自信。自戀者的伴侶可說是自我表現的延伸，如果表現不好（在自戀者看來），他們就會遭受猛烈的抨擊。積極的自戀者不會對自己的伴侶（包括其他人）省下任何批評，藉由尋找對方的缺點，來保護自己免受巨大的自我批判。換言之，他們把自己所感受到的自卑投射到對方身上，在這種情況下，對方會無可避免地感受到自戀者所不想要的那些感覺：**不足與低劣**。

造成自戀者具有攻擊性的另一個原因，是他們高度的脆弱性。即使是最微不足道的批評，都會讓他們氣急敗壞、暴跳如雷。自戀者往往都是焦慮性逃避結合者，一旦覺得伴侶不夠愛他們，他們就會與對方爭吵，甚至乾脆分手。在這過程中，伴侶不需要多做些什麼才會讓自戀者感覺遭拒。不過，當他們分手後，自戀者往往喜歡再去接近前伴侶。**他們經常會有分分合合的伴侶關係**。關於自戀者在伴侶關係中所呈現出的問題，我將留待〈自戀的保護策略〉那一節裡再做進一步的說明。

◐ 你在我的掌握之中！

也有一些人完全不擅於獨處，他們可能會像著名格言所說的「百鳥在林，不如一鳥在手」，與自己其實沒有那麼喜歡的伴侶在一起。這也是外向者往往會掉入的陷阱，因為他們遠比內向者更無法承受孤單。不過，一旦害怕孤單的焦慮暫時平息，伴侶先前被擱在一旁的缺點又會被拿出來檢視，他們會問自己：我是不是寧可再找找看有沒有更好的？讀者們肯定會問，我如何判斷，我是否真的遇到了一個不對的人？或者，我是否只是因對於結合感到焦慮而抱有如此巨大的懷疑？以下兩種方式可以找出這問題的答案：

① 請你親身感受一下什麼才是你和伴侶在一起的真正動機？伴侶的哪些特質讓你覺得非常具有吸引力？哪些焦慮或恐懼或許在這當中發揮了作用？

② 本於你的理智問問自己，從伴侶身上察覺到的缺點，是否真的大到你同樣能用一些客

觀的理由去解釋冷卻了的感情。

實務上經常可見，本於理智，當事人其實十分清楚自己的批評根本是過份的，我的一位學生A君即是如此。A君與女友分手的理由僅是，在他眼裡她矮了三公分。他的理智十分清楚，這根本可笑至極。事實上，他當初對前女友所投以的批判眼光，的確隱藏了巨大的結合焦慮。

如前所述，過度配合的人不太能夠了解自己的情感與需求。因此他們當中有許多人，對於是否找到了正確伴侶感到不安，懷疑對方是否確實是自己所要的，或是懷疑自己和對方在一起，只是因為自己不想傷害對方，只是因為自己不習慣於孤獨。不太能夠了解自己的情感，必然也會使得這些人難以明確地做出一個接納或拒絕伴侶的決定。

◐ 我不能分手！

另一個對伴侶或伴侶候選人吹毛求疵的原因就是：「我不能分手！」，這種深刻的、無意識的信念，誠如我已在〈配合他人與主張自我〉那一章裡所描述過的那樣。特別是，那些不太能夠積極形塑自己而很會去迎合他人的人，他們會深信，自己不能夠讓任何人失望。

然而，「如果我不能夠讓人失望，那麼，要是我選錯了伴侶，或是伴侶關係由於其他的原因不再有益於我，我也不能夠分手」，當事涉投入一段固定的伴侶關係時，這種心態理所當然地會讓當事人遲疑。伴侶非得要是完美的才行，這樣才能讓人接受「永遠結合」的風險。光是伴侶的某些微不足道的缺點，就足以讓這些人對於固定的伴侶關係退避三舍。他們比較容易陷入沒有約束力的男歡女愛，一旦他們認為自己找到了完美的伴侶，這時又會產生一個新的問題：**缺乏滿足感**。

過於配合的人也有自我價值感的問題，他們深信，自己留不住如此完美的伴侶，這又會導致他們逃避與那個完美對象建立固定的關係，或是總在親密的時刻過後再度與對方保持距離。在這種若即若離的模式下，當事人也可能無止盡地陷於極其不幸的關係中，他們會忠於自己內心的信念——「我不能分手！」；這種心態往往也和對於獨自生活的高度恐懼相伴而生。

◐ 我不能相信任何人！

最後，過去的結合創傷，同樣也會導致愛意的突然喪失。曾經在童年時期有過任人擺佈或身體和精神受虐經驗的人，他們會傾向於把結合詮釋成某種生存威脅。過度的親密會讓他們感到害怕，會喚醒自己從前悲慘的結合經驗。為了生存，他們會去做童年時已經學會的事，他們會關閉自己所有的情感。不過，這當中所涉及到的，並非某種有意識的過程，而是某種反射；我個人喜歡將它稱為「裝死反射」（Totstellreflex）。在心理學的專業術語中，裝死反射稱為「解離」（dissociation）。當事人學會如何從身體與情感中脫離出來，藉以避免去感受到別人對他所做的事。

如果他們在長大成人後想要回過頭去處理自己那些受創的回憶，重新學習感受自己與自己的身體是非常重要的。在後頭的章節裡，我還會再更仔細地說明治療這類創傷性結合經驗的方法。

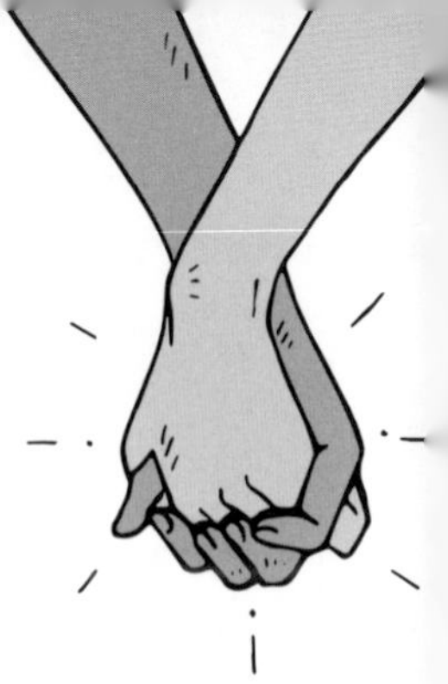

補充：我喜歡單身！

或許有些人會覺得，書中所說的完全不是自己的情況，因為他們是鐵桿單身者。鐵桿單身者表示，自己對於妥協和伴侶關係所帶來的壓力完全沒有興趣。不少鐵桿單身者還會表示，自己並不願意為了固定的伴侶關係而犧牲性自由。

只要當事人真正感受到了某種選擇自由，這種態度基本上是無可厚非的。問題是，在許多個案裡，情況其實並非如此。換言之，許多鐵桿單身者之所以保持單身，那是因為他們只能單身，無法經營伴侶關係。鐵桿單身者往往都會具有某種根深蒂固的、多半都是無意識的結合焦慮。所以他們完全固定在自主的極端；唯有在沒有固定關係的狀態下，他們才會覺得自由、自在。他們的內在小孩將伴侶關係與痛苦和不幸連結在一起，他們要不覺得自己會在愛情枷鎖中遭到束縛，要不就是內心深信，對方遲早會離開自己，到頭來只是換得心碎和一場空。

有些人在幼年時期或青少年時期經受了真正的結合創傷，以致他們的內在小孩直覺地將親密關係與恐懼、恐怖連結起來，唯有當內在小孩獨自一人時，才會覺得心安；而結合則被他們的內在小孩跟弱勢、任人擺佈、聽憑處置關聯起來。

我個人並不認識任何相較於美好的伴侶關係更為偏好獨自一人的單身者。對於當事人來說，單身其實只是「小害」。糾結於一段不幸福的關係中，或是悲慘地遭人遺棄，那才是「大害」。某些單身者會認為，自己反正找不到任何伴侶，而且也沒有人會愛他們；另有一些單身者則會覺得，自己終究是找不到真正適合的對象。還有一些單身者則會去追逐速食般的性冒險，他們會無意識地借助這些性冒險，來彌補而非真正滿足自己對於親密的渴望。

或許會有一些讀者現在想要問，為何我那麼肯定，比起單身人類會更偏好固定的伴侶關係？答案是：因為固定伴侶關係的偏好就存在於我們的基因裡。人類是被編成為傾向擁有專有的關係。美國科學家海倫・費雪（Helen Fisher）曾對此做過許多研究，她所得出的結論是：戀愛的感覺有助於我們選擇一位伴侶，藉以產生後代。然而，在後代誕生後，這種戀愛的感覺就得消失，否則年輕的父母就只會忙著彼此談情說愛，而忽略了照顧後代。理想的情況是，取代戀愛的感覺，讓自己適應於雖較平淡、但卻長久的結合。

由於人類的小孩成長到能夠自力更生需要多年的時間，為了維持他們成長所需的家庭扭帶，我們需要長久、穩定的結合。大自然賦予了男性顯著的性欲，藉以讓他們盡可能廣泛地散播自己的基因；有別於女性，當她們與同一個男性做了超過兩百次的愛，她們就會感到無聊，從而她們的基因也會拉開傳播的範圍，讓近親繁殖得以避免。其結果就是，我們傾向於擁有能夠偶爾偷吃的固定關係。

如前所述，選擇單身生活其實是無可厚非的，無論如何，這總比一段不幸福的愛情關係要來得好。然而，鐵桿單身者有時倒也不妨深刻地去感受一下自己，檢視一下，單身生活真的是自己所要的嗎？又或者，天生的結合渴望是否其實只是被恐懼或不好的經驗給覆蓋或壓抑？如果你恰巧身為鐵桿單身者又願意了解自己的話，不妨借助本書去探究「鐵桿單身」的愛情方程式，或許進而再去改變它。

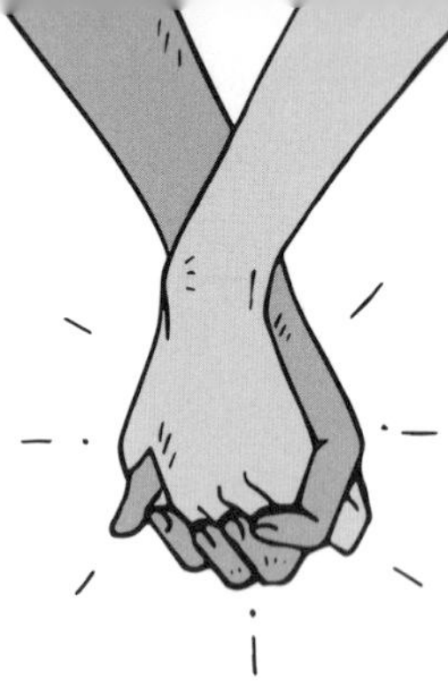

印記還是基因？

或許你也會想，難道基因不會顯著地影響我們如何形塑那些我們參與其中的關係、我們會用怎樣的眼光來看待這個世界？基因從根本上決定了我們的性格特徵、我們的喜惡。我曾就相關議題，寫了《我就是這樣！》（*So bin ich eben!*）的書，如果你有興趣，我的網頁stefaniestahl.de提供了一份免費的性格測驗，可以幫助你了解自己天生的性格輪廓。

基因不僅決定了許多個性特徵，也影響了我們的結合程式與自主程式。因此，如同業已獲得證實那樣，我們是帶著不同的親疏渴望來到這個世上。所以有些小孩具有比較強烈的依偎需求，人們往往戲稱他們為絨毛玩具兒童，有些小孩的依偎需求則沒有那麼強烈。

不過，基因同樣也會影響到自我價值經驗。外向的人比較不容易焦慮，比起較為深思熟慮、謹小慎微的內向者，他們多半較為自信。作為性格特徵的內向與外向，強烈地受到遺傳因素所左右，我們的關係程式可說是受到遺傳素質和透過自己身處環境所經驗到的印記而導致的結果。

在這當中，所謂的「親子配合」扮演了一個重要的角色。舉例來說，如果一個非常需要愛的母親生了一個較無依偎需求的孩子，這位母親可能會很挫折，或許還會覺得自己遭到孩子的拒絕。與其他比較需要母親的的兄弟姊妹相比，她們會建立較親密的關係，而她與這個孩子的結合則變得更加困難。然而，如果母親不太具有移情能力，她或許從來未曾察覺，自己的孩子其實並不想要經常性的依偎，她可能會用自己的親密渴望淹沒這個孩子，而孩子也只能無助地忍受這樣的情況。在往後的人格發展上，孩子可能會培養出強烈的自主需求與自由需求，或是會對伴侶的親密需求有過敏反應，甚至根本無法投入伴侶關係。

會為積極的結合焦慮所苦的人，往往都是帶著冷靜、實事求是的秉性出世。至於會感到自己很需要親密關係、緊黏著對方的人，則多是帶著特別需要愛與和諧的本性。

所以，當我們在反思個人印記時，換言之，反思後天所受的種種影響時，不妨問問自己，我們先天其實是早已帶有哪些特質？父母對於這些特質，究竟涉入多深？或者，他們賦予多少幼年時所具有的秉性？

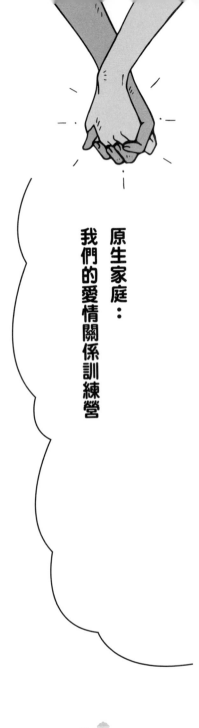

原生家庭：我們的愛情關係訓練營

如前所述，出生後的最初幾年，對我們的內在程式發展特別重要，因為大腦發育的一些重要步驟都在這段期間裡完成。在這個過程中會產生某些深刻的調節，我們也可以把它們稱為**印記**。印記是決定我們如何感知自己、如何詮釋外在表現的重要因子。

除了父母之外，其他人事物同樣也會一起左右我們的個人印記。儘管幼兒時期是個很重要的階段，不過，在後來的發育期裡，特別是青春期，卻也會增添某些對於我們日後人生至關重要的經驗。此外，一直到去世為止，其實我們始終處在一個不斷進行著的發展過程中，我們會一再收集新的經驗並從中學習。

我之所以會在這裡強烈聚焦於父母及人生中最初的幾年，其實是有兩個原因：一是，人生中最初的那幾年特別具有形塑力；二是，我想盡可能讓事情保持簡單、不複雜。如果我把一個人一生中所有可能因生活經歷或其他人造成的創傷全都納入思考，這本書的篇幅將會過於龐大；不過，我倒是想請求你去做一下這件事，所有我在此針對父母所做的思考，你不妨將它們套用到其他的關係人或生活經歷。之後我所介紹那些練習，你大可完全個人化地應用到自己的處境上。

換言之，如果你說：「在我的情況裡，問題不是出在父母，而是一個糟糕的哥哥、一個壞心的奶奶、還有我的同學……」，那麼請你不要執著於這裡主要被拿來討論的父母，應該針對那些人去反思你個人的印記。

我們的知覺會受到人生經驗深刻地刻畫在我們身上的、無意識的程式所左右。我們其實沒有能力「客觀地」知覺。這項認識並不新穎，早在古希臘時期，哲學家愛比克泰德（Epictetus）便曾表示：「令我們不安的不是事物，而是我們對於事物的想法！」因此，有些心理學家或哲學家也呼籲，不要說「Wahr-nehmung」，而要說「Wahr-gebung」（譯按：德文「Wahrnehmung」一詞意即「感知」、「覺察」，這個詞彙拆成「Wahr-nehmung」，字面的意思就是「真相──接受」〔接受真相〕；至於「Wahr-gebung」，字面的意思就是「真相──賦予」〔賦予真相〕）。這代表著，我們總會賦予某種意義給發生在自己周遭的事物，正如先前我已藉由茱莉亞與羅伯的例子說明過的那樣。

換言之，我們所反應的並非外在的那些事件，我們所反應的其實是對於那些事件的「詮釋」。是以，當羅伯再次忘記他與茱莉亞所做的約定，茱莉亞並不會認為羅伯在這段關係的不負責任，反而是認為：「我並不重要！」這個簡直可說成是內心信念，是她在童年時所獲得的，而羅伯則是一再將它喚起。

一個可以客觀化的事件（忘記約定）會衍生出詮釋（「我並不重要！」），詮釋又會衍生出情感（受辱／悲傷），情感又會衍生出反應（哭泣、指責、發牢騷）。我們大家的情況其實都是這樣：**我們往往是透過自己的童年印記眼鏡去看他人的行為**。

因此，如果我們想要了解自己的關係程式，就得對童年印記下點功夫。我們不必非得為此去到自己心中最偏遠的角落，或去鑽研整個童年；其實只要找出並理解串連起這一切的線索就已完全足夠。

所以，接下來我打算針對童年時的發展條件，就我們的結合渴望、自主能力與自我價值感這幾個面向，稍微再做點說明。

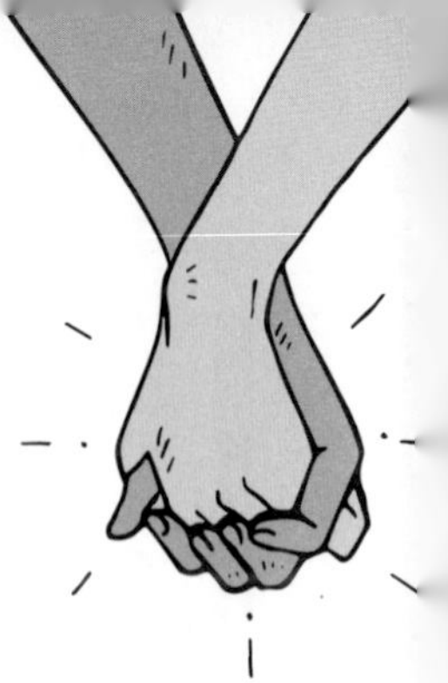

原始信任與反射的自我價值感

人類帶著身體與心理的需求誕生在這世上。新生兒最初是被種種身體感受所主宰，諸如餓、渴、冷、哺乳、餵食、洗滌、包尿布、愛撫等等；寶寶與照顧者最初的互動可說是極具身體親密性。嬰兒的結合需求會透過照顧者的身體行為獲得滿足，抑或在不利的情況下，無法或不能充分獲得滿足。在未滿周歲的那一年裡，寶寶會產生所謂的「原始信任」或「原始不信任」。如果寶寶體驗到當哭嚎時會有人過來，會有人抱自己、撫摸自己、餵自己，那麼他們就會在身體層面上深刻產生對於這個世界與其他人的信任，這樣的信任在情感上會呈現出「自己是受歡迎的」。

不過，幼兒並非只會透過與身體有關的照顧行為去認識自己的價值，他們也會借助觀察與之關係緊密的照顧者的表情。如果父母經常是露出微笑、喜形於色的看著孩子，反射到孩子身上會因而感到父母和他們在一起是幸福且快樂的，心理學上稱這種現象為「反射的自我價值感」，那是我們會保留一輩子的一種深刻的調節。

我們會追求他人的認可，當遭到拒絕，我們會感到羞愧。渴望獲得認可與害怕遭到拒絕，可說是人類結合需求中最深刻的動機。如果我們什麼都無所謂，也完全不會感到難為情，就不會有配合的能力。我們就會是「a-social」這個詞彙字面上最真實的寫照（譯按：「asocial」意即「反社會」，作者則以「a-social」字面之意來指「一人一社會」）。我們對於自我價值感的深刻需求，以及他人情緒的反應，都會調節我們在社會中的行為。

父母是否滿足我們對於結合與自我價值感的心理基本需求，很大的程度上是取決於父母的結合能力與移情能力。「父母的移情能力」可說是育兒能力的帝王標準。誠如我在前文提過的，同理心不僅是我通向你的橋樑，也是結合能力的一項重要特徵。尤其是在一生剛開始的那幾年，身為嬰兒的我們還無法表達自己的需求，必須仰賴照顧者設身處地的領會我們的需求。

不過，在稍後的發育階段裡，父母或其中一人，能夠設身處地的領會子女的渴望、快樂和困難，同樣也是十分重要。透過移情，孩子體驗到了，他們的樣子是對的，他們的情感是合理的，當然這幾乎就代表著，他們會學著去調節自己的情感和行為。舉例來說，如果一個孩子哭哭啼啼地從幼兒園回家，因為他最好的朋友不想和他玩，具有同理心的父母（或其中之一）會將自己的悲傷反射到孩子身上，他們或許會告訴孩子：「我知道你很傷心，因為菲利普不跟你玩。」在孩子的情感被指出與認可後，具有同理心的父母（或其中之一）或許還會建議某種解決方式：「你不妨等等看，也許到了明天，菲利普就會改變心意。如果沒有，那你就去找別的小朋友一起玩。」透過這樣的方式，孩子同時學到了幾件事：

① **我所感受到的情緒叫做「傷心」；**
② **這種感覺是合理的；**
③ **應付這種感覺有解決的辦法。**

孩子也會以這樣的方式去面對其他的情感，諸如快樂、喜愛、憤怒、羞愧或嫉妒等等。孩子會透過照顧者具有同理心的表達與評論，學著去指稱那些感覺，學著將它們整合在自己身上。這代表著，他們基本上允許擁有所有的情感，也會學著去應付它們。

相反地，如果父母拙於體會孩子的感受，他們就會一再（無意識地）對孩子發出**你的**

感覺和需求是不合理的這樣的訊號。這種情況未必適用於整個情感光譜上；某些父母可能只是不擅於應付某些情感。例如憤怒就是一種許多人都不太會應付的情感，或許是因為笨拙於調節憤怒的情緒，以致過度具有攻擊性，又或是因為長期的壓抑，導致攻擊性受到抑制。後者多半曾經在父母身上經歷過，意會到憤怒是不可取的、是糟糕的、甚或是危險的；相應地，他們也會學著去扼殺這種情感。

如果他們日後不去反思這樣的印記，那麼他們就會將這樣的印記繼續傳承給自己的子女。換言之，這種父母的子女，如同他們的父母曾經做過的那樣，會去服從父母的願望、壓抑自己的憤怒。也就是說，他們會犧牲部分真實的自我，藉此去迎合父母。為了避免誤解，我必須稍微說明一下：這並不是說，我們得讓孩子毫無節制地釋放自己的憤怒（他們當然必須學著去調節自己的憤怒情感，此外，藉由成功的教育，引發他們憤怒的誘因也會隨著成長而有所改變），只不過，憤怒基本上應該是一種可被允許的情感。它可謂是主張自我的鮮活表現，我們的劃界能力需要它。

為了應付子女的憤怒情感，父母最好不要把子女的憤怒過於看成是針對他們個人而來。不過，當子女跟他們劃清界線，正如在所謂的「反抗期」裡經常嚴重發生的那樣，某些父母往往會不知所措。為了對抗父母成功地主張自我，子女需要「分離攻擊」，例如憤怒地對父母咆哮：「走開！」這樣的措辭當然是不禮貌的，但卻符合於一個還無法設身處地領會父母心理狀態的三歲小孩的成長階段。

然而，某些自我價值感不穩定的父母，卻會把子女的這種憤怒看成是針對他們個人而來，他們要不就會以自己過份強烈的憤怒來回應，要不就會以悲傷和失望來回應。如果父母（一再）以強烈的憤怒來回應，子女就會感到恐懼，就會學到，主張自我是危險的。如果父母（一再）以失望和悲傷來回應，子女就會學到，要是他們主張自我，別人就會受到傷害。此外，他們還得要對父母的情感負責。這樣的經驗會深植於孩子的大腦中，作為上位的模式與行為程式。

也就是說，好的父母不僅會滿足子女的結合渴望，同時也會理解子女的自主需求。兒童的自主發展是與天生的探索渴望相互交織，這種渴望會驅使兒童好奇地、充滿求知慾地去探索自己的生活環境。兒童會有很強的動力想去了解和掌握自己周遭的東西。也因此，他們喜歡某些遊戲，像是一再地把自己的玩具丟到地上，希望大人能再不斷地把玩具撿起來。他們會以這樣的方式來訓練所謂的「自我效能」，換言之，他們會學到，自己可以對於周遭發揮某種程度的影響。這種可以發揮影響且不會在人際關係中只是任人擺佈的感覺，也是自主體驗的一個核心特徵。因此，偶爾允許兒童遂行自己的意志、允許兒童在他們做得到的範圍裡進行爭論，同樣也很重要。藉此，他們就會學到，擁有自己的意志是沒有問題的，奮戰終究會是值得的。

當然，孩子的意志也不能是父母行為唯一的標準；孩子畢竟也必須學習配合。我們的結合渴望與我們的爭取自主總是相互作用、相互競爭。孩子既得學習有益於結合的配合，也得學習有益於自主的主張自我。為了結合，我們必須放棄一部分的自主；為了自主，我們必須放棄一部分的結合。這需要在這兩種需求之間有個穩定的平衡，在最好的情況下，我們會在長大成人前學會這些。

只不過，情況往往不是這樣。許多人會過於迎合他人，而另一些人是過於叛逆，還有一些人則是擺盪在這兩種極端之間。

最後，還得再稍微提一下的是，在子女身上留下的深刻痕跡，並不只是透過父母的教養行為，同時還有「典範功能」。畢竟，子女會認同父母，特別是會以相同性別的一方作為自己的榜樣。舉例來說，某些母親會戰戰兢兢地迎合丈夫，在情感與財務上強烈依賴丈夫，這樣的方式提供女兒一個不太能夠獨立自主的榜樣。又某些父親會經常在家庭、身體與情緒等各方面缺席，他們會以這樣的方式給兒子一個不太能夠親密結合的榜樣。

經常缺席的父親當然也會給女兒留下某些印記，正如不太自主的母親同樣會給兒子留下某些痕跡。如果想要了解自己在原生家庭裡獲得了什麼樣的印記，就得將父母的典範功能一併納入考量。

父母對子女的結合渴望造成挫折的行為有：

①身體與心理的缺席
②缺乏情感溫暖
③缺乏移情能力
④權威的態度
⑤缺乏理解
⑥貶抑、虐待、忽視

父母會對子女的自主發展造成妨礙的行為有：

①過度約束
②以嚴厲的態度壓抑子女的自主
③缺乏支持

④父母其中一方因具有分離焦慮而無法放開子女
⑤身為同性認同對象的父母一方缺乏自主

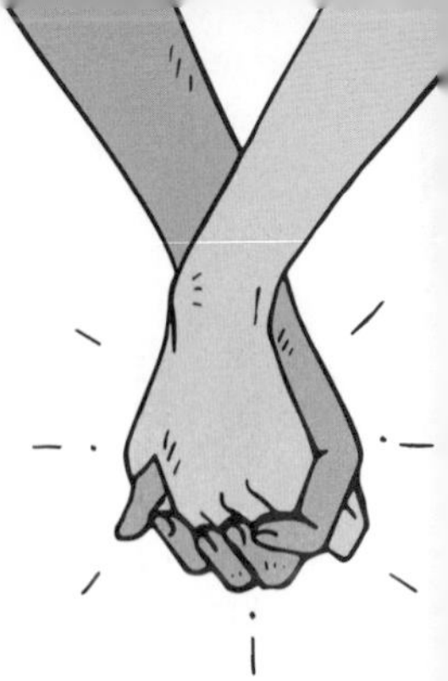

從負面印記到創傷的流動過程

「創傷」是什麼呢？根據德國著名的創傷專家法蘭茲・魯伯特（Franz Ruppert）的說法，創傷是嘗試了所有一般自我保護策略全都失效的心理困境。創傷的特徵就是在某種危險情況中最大的無助。某些父母本身或許會帶著未曾處理過的創傷生活，而他們的子女可能會在年幼時期從父母那裡經受創傷。不過，在其他人生階段裡，還是有可能會因暴力犯罪、意外事故或自然災害而造成創傷。與幼年時期有關的是，可被描述為負面印記與已被描述為創傷之間的流動過渡。

創傷會深植於我們大腦的恐懼中樞——杏仁核（amygdaloid）。它們往後會經常觸發警報，即使造成創傷的原因早已不存在了。一般來說，意外事故或自然災害會引發這類的創傷。許多具有創傷經驗的人會活在某種持續性的恐懼，尤其是創傷是以意外事故的形式發生，當事人將難以驅除對此的記憶，恐怖畫面會一再跟著他們。由於這樣的心理負擔，他們個性表現為易怒、具有攻擊性、始終緊張焦慮且高度警戒。在這種情況裡，我們可以把杏仁核想像成一位正直的守護者，杏仁核曾一度因貪睡而未能及時警告自己所守護的人，為了彌補過錯，如今就連最微不足道的小事也都會發出警報，也就是所謂的「創傷後壓力症候群」（post-traumatic stress disorder）。

不過創傷也有可能發生在幼年時期，因為父母所造成創傷，當事人將創傷切割、排擠，以致再也不記得它們。「生存程式」阻止了創傷記憶的侵襲，藉此讓日常生活可以平順地「運作」。如果當事人未有所反思家庭的創傷，有可能會延續好幾個世代。舉例來說，祖母很小的時候就在戰爭中失去了雙親，她是在一家孤兒院長大，在那裡沒有任何人安慰她，沒有任何人承接她的悲傷；為了求生，小女孩切割與壓抑自己的痛苦和絕望。換言之，她從未去處理父母的死，她只是把心裡那些悲傷、孤寂、恐懼、絕望、無助的感覺冷凍起來。

想像一下，這個小女孩長大成人，並生下一個女兒，自己成了一位母親。這時她將無可避免地難以應付女兒的悲傷、孤寂、恐懼和絕望等感覺，因為她內心通往這些情感的入口是封閉的。因此，當女兒正如其他幼兒那般傷心時，她就無法陪伴、扶持自己的女兒；為此，她必須與自己的悲傷有所接觸。然而，在這樣的情況下，女兒的悲傷會在她的潛意識中引發一股焦慮，因為害怕，她的悲傷會迸發，陷自己於絕望之中。

而女兒則會學到，為了不讓母親負擔過重，自己得要壓抑內心那些軟弱的情感。於是，為了維持與母親的結合，女兒將喪失很重要的一部分——自己的真實性。她會扛起成功維繫自己與母親關係的責任。

此外，由於幼童與母親活在一種強烈的共生狀態裡，他們也會無意識地感受到母親深深的痛苦，並把讓母親幸福的責任攬在自己身上。在這種情況下，這個小女孩或許會發展成父母、師長和其他人的「陽光」，變成一個從不惹麻煩、表面上總是「正常運作」的孩子。她會把這項印記當成上位的關係程式帶入自己成年後的生活中，這代表著，小女孩長大成人後也將十分良好地「運作」，她總會照顧他人的需求多於照顧自己的需求。

而對於伴侶關係能力而言，這又代表著什麼呢？有兩種可能：

① 陷於過度配合，盡己所能地去滿足伴侶的所有期待。為此，相較於感受自己的需求，她會更專注地感受他人需求。

② 保持距離，與別人劃清界線，或許也會避免親密的伴侶關係，因為她不想失去自我。

由於她在童年時未能培養出良好的劃界能力，因此她需要在外界有個極端的界線。

在這兩種情況裡，當事人都缺少了自我的一部分。她們缺少了通往情感的重要入口，也缺少了自我認識。她們的內在小孩藉由迎合或設限來保護自己，但卻從未認識到，她們如今已經長大，可以過自己的生活。

當事人也有可能會糾結在某種「愛情幻象」中，誠如魯伯特所言。是以，在上述的例子中，女兒長大後或許會被困在一段不幸福的關係中，誤把愛情和依賴的感覺相互混淆。她的內在小孩會覺得自己陷於某種共生狀態裡（如同從前她自己和母親相處時那樣），在那裡頭，她有義務讓別人幸福，有義務不去感受自己的願望。只要她沒有覺醒，沒有察覺到，自己是在某種「功能模式」下運作，她就無法分辨什麼是自己所要的、什麼對自己有益。她將無法活出真正的親密關係，因為她總是只有「半個人」在場。

這些話現在聽起來或許會讓人覺得有點可怕。因此，我直接補上一句：**我們其實是可以處理這些印記的，即使它們具有創傷的性質**。這本書可以在這方面幫上一點忙。就這點來說，我認為重要的是，當你在反思伴侶關係程式時，你得去感受一下，在家庭生活中哪些情況可能會對此產生影響？你的家庭是否存在著某些可能對成長造成影響的創傷？

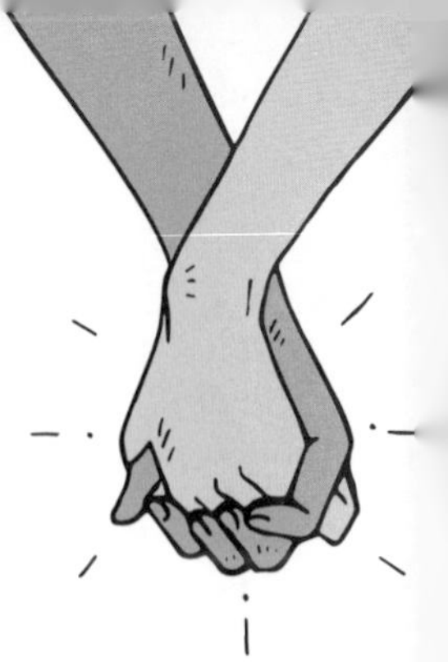

誠實的勇氣

基於多年來的治療經驗，我知道，有些人難以用誠實、批判的態度去描繪自己的童年和父母。因此，在這裡，我想再次強調，本章節的重點並不是把你當前所面對的問題歸咎於父母；所關乎的其實只是，了解自己的種種印記與調節。如果沒有這樣的了解，我們就無法意識到它們，如果沒有對於印記的意識，我們就無法去改變它們。

我認識不少後來才開始實際了解自己童年的中年人或更為年長的人。他們告訴我，他們曾經長時間壓抑「自己的大部分童年是不幸福的」這項事實。長久以來，他們一直相信，自己的童年是美好的，當他們回憶童年，所想到的總是那些美好的片刻與畫面。然而，當他們開始更仔細地回顧，他們必然會發現到，自己內心其實經常都會有孤獨與不被了解的感覺，或是發現到，他們把自己的需求完全擺在一旁，只為了不要干擾美好的片刻，或是為了取悅父母。回想起來，美好的童年根本就是自欺欺人。然而，直到當事人以現實的觀點回顧過往，他們才能真正地理解自己與自己的心理程式。透過這樣的洞察，他們就能擬出更加適合當前現實狀況的不一樣的程式。隨著新的心態的建立，行為會跟著改變，他們的種種關係負擔也會跟著減少，也就能讓自己的人生更幸福。

為何許多人會難以用批判的態度去看待自己的父母呢？原因在於，從前身為小孩的我們在生存上必須仰賴父母，因此會把父母看成是好的、是對的。我們得要依靠他們生存，如果身為小孩的我們必須把父母評價為錯誤的甚或邪惡的，我們恐怕就會覺得自己完全不受保護、任人擺佈。因此，一個四歲大的小孩如果挨了父親的打，他就會認為：「爸爸是對的，是我不好！」而不會認為：「爸爸太具有攻擊性，我其實完全沒做錯什麼！」對於小孩來說，要他承認自己必須依靠無能的父母，在心理上可說是嚴重的威脅，有鑑於此，他在認知上也會無法形成獨立於父母的道德判斷，缺少了對於全局的概觀。孩子的觀點是：「我很弱小，你很強大，所以你是對的，我是錯的！」

容我再度提醒，在我們每個人身上，都存在著一個在心理學中被稱為「內在小孩」的人格部分。這就是（如果存在著負面的童年印記）即使長大成人後我們還是會經常認為「別人都沒有問題，就只有我總是問題重重」的那個部分。如果我們認同內在小孩，尤其是認同他身上劣質的部分，身為成人的我們在內心當中還是會覺得：我們是弱小的，我們鮮少能與他人平等。被困在這個「母體」（matrix；作為「內在程式」的同義詞，同時也暗指同名電影《駭客任務》）中，我們錯誤地以為，我們得要依靠其他比我們自己更會判斷什麼是對、什麼是錯的人。

由於這個原因，許多人踩著不踏實的腳步走過自己的人生，渴望強者能夠引領他們。只要他們不去反思自己的印記，他們就會一直困在那裡頭。結果就是，他們會傾向於根據「你強大，我弱小」的想法去尊崇他人。這種尊崇經常會在短時間後驟然轉變成對同一個人的貶抑，去貶抑那些被我們視為優越的人，藉以讓我們能夠再度與對方處於平等的地位，這其實是種普遍的現象。

經常覺得自己卑下和依賴的人，多半都不會脫離父母的羽翼，因為他們的內在小孩害怕放開媽媽的手。他們的自主能力太少獲得發展，只發揮了部分潛能而已。然而，在這樣的情況下，父母理想化及與父母的糾結始終存在，當事人會一直相信，自己的童年是美好的。為了要用批判的態度去看待父母，就必須與他們保持一定的距離，這代表著當事人必須從結合中至少分離出一部分。正是這一部分，會讓內在小孩自覺弱小且感到恐懼。

此外，他們愛自己的父母，覺得必須忠於父母。如果他們用批判的態度去反思父母，他們會立即感到內疚。不過，在某些情況裡，那些內心的衝擊卻也可能大到具有創傷的性質，以致存在著某些像是求生程式的東西，並會妨礙到自己去意識那些傷害，這樣的壓抑保護了當事人免於巨大的心理痛苦。

如果要在以下步驟中共同擬定你的結合程式和自主程式，在此我想鼓勵你，盡可能誠實地去探究自己的過往與父母。雖然一開始這會令你感到痛苦，但卻是消除舊情感、促成新態度的大好機會。

在這個過程中，如果我們也能確實看清、承認並且感謝父母的那些美好面向，這會非常有幫助。此外，你應該謹記，就連你的父母也都有對他們造成影響的父母。如果父母犯錯（這是所有父母都難以避免發生的事），他們多半都不是想要積極地傷害自己的子女，一般來說，他們其實是因為不太會反省、質疑自己的教養方式。

正因如此，在自我反省上下功夫，藉以避免將自己的負面印記傳遞給子女，同時也避免無意識地讓它們波及他人，這是十分重要的。若是我們能學著更了解自己，這不單只是通往幸福的道路，未來也將變成一個更好的人。因此我要鼓勵你，跟著我走向接下來的步驟，創建你個人的伴侶關係程式。

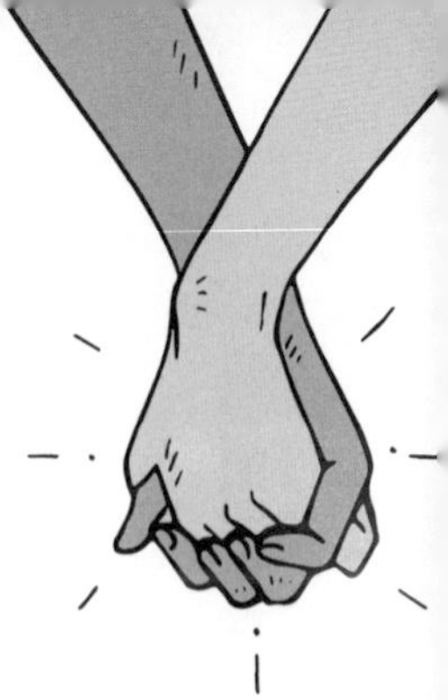

找出你的結合程式

進行到了這裡，我想要過渡到稍微屬於個人的「你」。當事涉屬於個人的東西時，我比較不喜歡用帶有距離感的「您」。較為親暱的「你」消弭了這樣的距離，直達你的整個人格。而這正是我所要的。我希望能在這當中幫助你，去了解你個人的種種印記、關係程式。因為，當你看清這一切，你就能在下個步驟中改變它們。

我想建議你，事先準備一本**練習簿**，你可以在這本練習簿裡進行從現在起所提到的各項練習；此外，你也可以將其他經驗、想法和經歷寫在練習本裡。你不妨把練習本視為個人的「反思簿」。我也建議我的顧客使用這樣的練習簿。之所以會這麼建議，原因就在於，藉由書寫，我們可以更深刻地處理事情，而且在書寫的過程中，我們不得不進行更多通盤的思考。

如果進行書面方式對你來說確實太過麻煩，你當然也可以只是瀏覽這些練習。只不過，若是你能積極地從事這些練習，稍微花點時間，以書寫的方式記錄下你的想法和感受，那會更有效果。

◐ 第一步：你與父母的關係具有怎樣的品質？

練習　探索你與父母的關係

請你取出反思簿，**在上頭寫下童年時（從出生到十歲），父母在滿足你的結合渴望的評價**。如果你不在父母身邊成長，請將答案改成針對你的照顧者。請分別針對父母雙方（或照顧者）寫下你的答案。如果你既有親生父親或母親，也有法律上的父親或母親（繼父／繼母），只要他們在你的人生中扮演了重要角色，都可以全部記錄下來。

為了完成這項任務，請感受一下自己的內心，將童年召喚到你的眼前，或許也同樣召喚某個如今還鮮活地存在於記憶中的片段。如果你對自己的幼年沒什麼記憶，這說明那段時期對你而言沒有那麼美好。困苦的童年多半會比美好童年較受到壓抑，換言之，如果你對幼年時期只有非常模糊甚或完全沒有任何記憶，那麼請改用你能在自己身上找到的、在往後的歲月裡對於父母的記憶，請問問自己：**在我小的時候，如果父母就像後來我所記得的那樣，**

他們可能會是什麼樣？

為了幫助你完成這項任務，我整理了一個正面屬性及負面屬性的列表，讓你在描述父母時有個參考。你在〈我們的關係程式〉那一章裡已經認識的範例人物—茱莉亞與羅伯，也會一同參與以下的各種練習，如此一來，你就可以借助他們的例子摸索出自己的方向。茱莉亞會為你示範「結合」的練習，羅伯則是會在「自主」的練習中登場。

請問問自己：媽媽／爸爸過去曾是⋯⋯

正面的結合屬性：慈祥、關懷、具有同理心、關注、支持、溫暖、堅強、溫柔、保護、可預測、可靠、心情愉快、平衡⋯⋯

負面的結合屬性：無情、冷酷、自私、漠不關心、苛求、不善解人意、沒有同理心、霸道、疏離、冷淡、咄咄逼人、虐待、威脅、緊張兮兮、易怒、難以捉摸⋯⋯

請分別記錄父母各自的結合能力及與你的關係屬性

○ **以茱莉亞為例**

- 媽媽：經常四處趴趴走，是個慈祥的人，當她在家時，總是將我照顧得無微不至。
- 爸爸：經常四處趴趴走，大多數時間都是個和藹的人，但在家時偶爾也會壓力重重、暴躁易怒。

◐ 第二步：在家裡，哪些情感是受歡迎的、哪些是不受歡迎的？

練習

父母如何應對情感？

請寫下**過去在你家裡哪些情感是被允許的**。父母能夠好好應對哪些情感、不太能夠好好應對哪些情感？你被允許感受哪些情感、哪些情感是受歡迎的、哪些情感則是父母顯然沒有能力處理的？

正面情感：快樂、驕傲、喜歡、愛慕……

負面情感：悲傷、無助、羞愧、嫉妒、恐懼、憤怒……

是否曾經因為在你家裡某些情感不受歡迎，偶爾覺得孤獨或不被父母所了解？

○ 以茱莉亞為例

- 媽媽：當我哭著央求媽媽別再離開時，她總是板起臉來，態度變得冷淡。我認為，我的悲傷對她來說完全是種苛求，她無法處理這樣的情況，因為我這樣會在她身上引發許多的罪惡感。此外，悲傷也是她從未顯露過的情感。她總是很堅強，儘管內心或許根本沒有那麼堅強，對於「弱勢的情感」，諸如羞愧、恐懼、無助等等，有很大的問題。每當我有那種感覺，她就會感到無助。我認為，這時的她總會覺得，自己是個壞媽媽。久而久之我也習於不顯露出這樣的情感。直到今日，軟弱的情感總是讓我感到很尷尬。相反地，她倒是能夠好好地應對正面、強勢的情感，她會向我展現她有多愛我，即便有時我會生氣，這也沒有問題。
- 爸爸：他可以妥善地應對正面的情感，爸爸總會向我顯示出有多愛我、多以我為榮。當我傷心時，爸爸也比媽媽還能接納我、理解我。這時他會安慰我、鼓勵我。不過，我不能在爸爸面前生氣，因為這時他會更快失控。當我發脾氣時，立刻就會引發他的憤怒，導致我們陷入嚴重的爭吵。

哪些情感是你能妥善應對的、哪些情感是你會壓抑的，或者會讓你強烈地感覺到自己受它們所擺佈？請把它們寫下來。

○ **以茱莉亞為例**

我允許自己：快樂、愛慕、喜歡。

我經常覺得自己受到恐懼所擺佈，特別是我對於失去的恐懼。

我多半都會壓抑自己的憤怒。

對我來說，像是悲傷、無助、羞愧，都是屬於「弱勢的情感」。我從媽媽那裡承繼了「我必須總是堅強」。

◐ 第三步：你在家庭裡曾經扮演過什麼角色、背負什麼樣的任務？

練習 你的家庭角色是什麼？

請回想一下，你在家庭裡是否曾被分配了某種角色、某種任務？這種角色分配往往是基於某些孩子天生的特質。舉例來說，如果你比較容易焦慮、比較敏感，或許家人會在背後說你是這個家裡頭「小心眼的人」；這不一定是帶有惡意，但卻會影響日後所發展出的自我形象。

某些孩子也可能承擔著「必須堅強」的角色或任務。或許是因為母親本身過於軟弱，以致子女必須為母親的心理狀態扛起責任，他們會表現出快樂又堅強，藉以讓母親別再變得更軟弱。又或許是因為某個兄弟姊妹從出生起就體弱多病，或是其他原因，導致父母有許多煩惱，於是子女便決定，不讓自己也成為父母的負擔。

不過也有可能是父母的一方或雙方出於善意，希望將自己的子女教養成偏向堅強、自信，有時這也會被子女領會成某種無意識的義務——換言之，絕對不能示弱。另外有些孩子則會覺得，自己負有得讓媽媽幸福的任務，因為他們老是見到母親愁眉苦臉；某些子女認為，自己必須維繫媽媽和爸爸，因為他們太常爭吵，子女害怕他們會分開。

請你感受一下自己的內心，**你是否曾經感覺到你在家庭裡承擔著某種角色或某種內在的任務**，請你寫下來。

…………

◯ **以茱莉亞為例**

過去我經常扮演「小女孩」的角色，好讓爸爸和媽媽看見，我有多麼需要獲得保護、多麼需要他們陪在我身邊。在這當中，我也被賦予了（主要是被媽媽）「必須堅強」的任務。無論如何，我總是試著做到這兩者。

…………

◐ 第四步：找出你的信條

「信條」所指的是，與我們自己、我們的自我價值感及我們的種種關係有關的、深刻的、多半是無意識的信念。它們是產生自這個世界上所獲得的種種經驗，尤其是出生後的幾年，從父母那裡所獲得的種種經驗。信條在某種程度上可謂是自我價值感的程式語言。重要的是，父母通常不會主動將信條嵌入子女身上，信條其實是子女對於解釋這個世界所做的嘗試。

舉例來說，如果子女受到了父母充滿關愛的照顧，他們就會產生出正面的信條，像是「我受疼愛」、「我受歡迎」、「我是重要的」等等；相反地，倘若子女所經驗到的是經常遭到拒絕或冷漠以對，他們就會形成像是「我毫無價值」、「我孤苦無依」、「沒人愛我」等信條。

信條總是被以非常簡單的方式來表述，因為我們的潛意識是利用非常簡單的分類來運作。信條是內心的方程式，我們會借助信條去詮釋現實。它們是內在小孩的一個核心組成部分，會跟著我們進入成年階段。信條在很大的程度上決定了我們會如何感知、感受、思考和行為。

練習

找出你在結合、愛情與家庭方面的信條

現在我想請你探索內在，你在結合、愛情與關係方面有什麼信條。為此，前三個步驟中所整理出的那些關於自己和父母的事情會再次影響你。為了協助你找出自己的信條，我整理了一些正面及負面的信條。這個列表當然是不完全的，因此請你不必執著於列表，大可使用自己的句子和陳述。

與父母關係品質可能出現的正面信條：

・我是OK的。
・我是夠格的。
・我是重要的。
・我是充滿價值的。
・我可以做自己。
・我是受歡迎的。
・我是受照顧的。
・我可以擁有自己的感受。
・我可以維護自己。

可能的負面信條或許會是：

❶直接關係到自我價值感的信條

・我一點價值也沒有。
・我不夠格。

- 我一無是處。
- 我不應該活著。
- 我不重要。
- 我是個負擔。
- 沒人愛我。
- 我終究會被遺棄。
- 我該被責怪。
- 我軟弱無能（弱小、沒有防備能力）。

❷ 藉以解決與媽媽和爸爸的問題的信條（保護策略）

- 我必須滿足你的期待（正常運作、表現完美）。
- 我不允許擁有自己的感受（不許悲傷、憤怒）。
- 我必須配合（扭曲、沒有自己的意志）。
- 我必須堅強。
- 我必須讓你幸福（我對你的幸福負有責任）。

・我不能讓你失望。

・我不能離開（必須與你在一起）。

○以茱莉亞為例

我不夠格；我終究會被遺棄；我孤孤單單；我必須表現完美；我不能讓你失望；我必須配合與遷就。

從茱莉亞的信條我們很容易就能看出，她不穩定的自我價值感（我不夠格）與所發展出的保護策略（我必須表現完美；我不能讓你失望）之間的關係。這些保護策略是奪走信條力量的行為模式，如此一來，遭到打擊的自我價值感才能獲得彌補。關於保護策略，在後述篇章的〈陰鬱小孩與他的保護策略〉裡，我還會再做更詳細的說明。

也許藉由這項練習你已找到了許多信條，它們的數量或許還多過茱莉亞的信條。信條往往是某個主題的變形，就茱莉亞的情況來說，它們是對於孤獨和遭到遺棄的恐懼。她的所有信條幾乎都與失去的恐懼有關；於是，她必須表現完美才不會被遺棄，她必須滿足所有期待才能討喜，她還必須配合與遷就，一方面是為了不被遺棄，但同時卻也是因為在她的信念系統裡終究會被遺棄，而且她對此完全無能為力（因為父母總是把她一個人留在家裡，年幼的茱莉亞完全無法在這件事情上發揮任何影響）。

在這裡我提到了恐懼——對失去的恐懼，這也顯示出信條與這種情感連結得有多麼緊密。關於這點，我將在下一節裡做更詳細的說明。

練習　找出你的核心信條

現在我們要將你的負面信條限縮到一些核心主題，限縮到所謂的「核心信條」。為此，請再度瀏覽一下你所找出的所有信條，接著請自我感受一下，哪些信條最能觸動你、最會令你感到鬱悶。請辨識出最少一個、最多三個信條作為你的核心信條。

◯ 以茱莉亞為例

我終究會被遺棄；我不夠格。

◐ 第五步：辨識你的情感

為了了解你的內在小孩，辨識情感是很重要的。畢竟，導致我們去做或不做某些事情的正是情感。信條本身其實只是一些想法，本身並沒有激勵我們的巨大力量。每個人都曉得，光是只有「事情是有害的、不健康的或不利的」這樣的想法，並不會激勵我們去做或不去做這些事情或行為。若非如此，世上將只存在著健康飲食、規律運動的理性人類，而且也將沒有成癮的問題。

伴隨想法與信條驅使或抑制我們的是情感。在心理學中，這種現象稱為「趨避行為」（approach-avoidance behavior）。情感會告訴我們，究竟是想要趨向某種事物、還是想要逃避某種事物。信條會在你身上引發情感，即便你根本沒有意識到。

然而，辨識這些情感對你而言是很重要的，唯有如此，日後當你困在內在小孩模式時，即困在信念系統時，你才能及時有所發覺。

因此，請你試著感受一下：**信條會在你身上製造出什麼樣感覺？**如果你難以感受，那就請回憶一下，自己曾與現任或前任伴侶發生過的衝突，某場你很肯定你那受傷的內在小孩也參與其中的衝突。這場衝突喚起了什麼樣的情感？哪些情感是你非常熟悉的？你能否將情感與信條關聯起來？請你注意一下情感「在身體上的表現」，例如胸悶、胃痛、心悸、脖子緊繃等等，如果你只在身體層面上感受到這些壓力表現，那麼請問問自己：**何種情感名稱適合稱呼這樣的壓力？所關乎的是恐懼還是配合壓力？**

在我們的情感生活中，對於失去和失敗的恐懼總是扮演著核心要角，它們與自我價值感緊密相連。基本上，對於失去和失敗的恐懼會被表達某種自卑感的信條所儲存。許多人會抱著例如（以不同的表達方式呈現出的）「我不夠格」的信條；相對應地，他們對於失去有著很大的恐懼，因為他們的內在小孩無法相信，自己（在呈現自己的真實樣貌下）會受人疼愛。他們往往也對失敗有著很大的恐懼，因為失敗又會證明他們的自卑感。

不過，其實就連自我價值感完好的人，也會對於失去和失敗感到恐懼，因為這些恐懼算是人類的天性。如同對於提高自我價值感的需求及羞恥感，這些恐懼有助於我們不會驕傲、自大地度過人生，而會去配合、適應群體。然而，徹底懷疑自我的人，卻會強烈遭受對於失敗與失去的恐懼所侵擾。

其他許多情感是所謂的「第二情感」，它們是產生自對於失去與失敗的恐懼。舉例來說，當我失敗時，我會感到羞愧；當我失去某個對我來說算是重要的人時，我會感到悲傷；當我面臨失去的威脅時，我則會以嫉妒來回應。

憤怒也是發生失敗或失去常見的反應，為了壓抑失去或失敗所招致的深度悲傷，我們可能躲進憤怒裡。憤怒是種強勢的情感，相反地，悲傷則是種弱勢的情感；因此，我們喜歡把憤怒擺在悲傷前面。反過來說，那些攻擊性受阻的人也可能會在適合發怒之處感到悲傷。

曾有客戶跟我說，伴侶對他們有多壞、多會羞辱他們、咒罵他們、多麼地不可靠，前述的這種情況經常發生在他們身上。他們會告訴我，由於伴侶的各種惡形惡狀，他們有多麼傷心。接著當我問他們，伴侶的行為難道不會令他們憤怒嗎？他們多半都會否認。在這當中，憤怒或許是更適合那些情況的情緒，然而，這類客戶（女性遠多於男性）卻是完全固守在「結合」那一邊，他們多半早在童年時就已學到，壓抑自己的憤怒，以免危害到與父母以及與伴侶的關係。也就是說，為了適當地防衛自己或結束關係，「分離攻擊」是不可或缺的。是以，為了維持與伴侶的結合，當事人壓抑了自己的憤怒，犧牲掉了一部分自主。

練習

認識你的情感

請寫下在伴侶關係中，你經常感受到的情感，什麼樣的情感造成了你緊緊依附著某個困難的伴侶？或者，什麼樣的情感讓你疏遠伴侶？你的恐懼是從何而來？你最大的渴望又是什麼呢？

○以茱莉亞為例

我對失去有著很大的恐懼，因此我經常會感到嫉妒。這一切都和我老是感到自卑有關。我最大的渴望是愛與結合。

◐ 第六步：總結

現在你已經找出了結合程式的核心內容，且容我建議你再次點出你的認知，好讓自己能夠看清程式。

練習　點出你的結合程式

請再次於內心裡接觸自己的種種情感，再進行一次我們先前所做的每個步驟，透過這個回顧的過程，試著去查明屬於你的程式，並請書寫在你的反思簿裡。

○ 以茱莉亞為例

媽媽和爸爸經常四處趴趴走。我總會感到極度地孤單。我經常會想，這是我的錯，因為我不是個勇敢的女孩。也因此，至今我還會認為，我是不夠格的。這當然是胡說八道，可是不知怎的，我就是會這麼覺得。我的內在小孩——小茱莉亞對於孤單有著極度的恐懼。我總是需要有人陪在我身旁。

我對於愛與結合有著高度的渴望。然而，為何我卻偏偏會與老是讓我孤單的羅伯結合呢？我之所以喜歡他，或許是因為他顯得既堅強、又獨立，而這正是我所欠缺的。我認為，他會保護我，無論如何都會照顧我；然而，實際情況卻遠非如此。他反而引發了我對於失去的恐懼，我像個笨蛋，試圖竭盡所能地取悅他，藉以控制整個情況。在這當中，他的疏離也許跟我一點關係也沒有。或許那只是因為他的內在小孩具有和我的內在小孩完全不同的程式。這也許與他那黏人的媽媽有關……

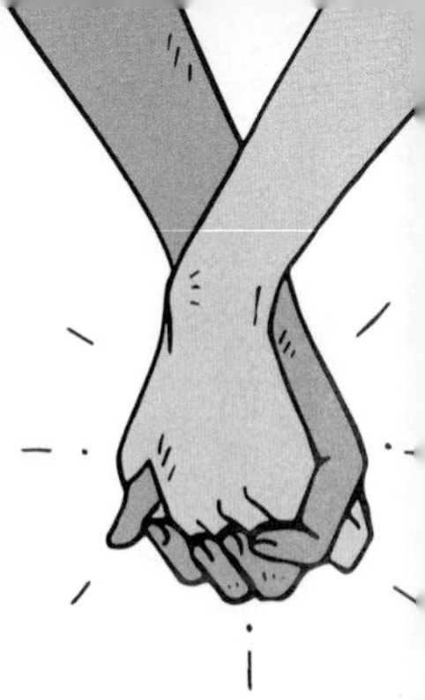

找出你的自主程式

現在我們要來了解一下你的自主能力。為此，這回我們所要收集的是，父母對你的自主能力發展有過怎樣的促進或妨礙，又或者，他們也許過早對你要求了過多的自主。

◐ 第一步：父母在多大程度上滿足了你的自主需求？

練習

你是否被允許發展自主？

在這裡，請你同樣分別寫下父母／照顧者個別的情況，他們在多大的程度上支持你獨立自主或是束縛住你？你是否從很小的時候起就必須依靠自己？把一切都寫下來。如同前述，我準備了一些屬性列表，藉以幫助你寫下父母各是以怎樣的方式影響你的自主發展。

媽媽／爸爸會：

正面屬性：很支持我；教了我很多東西；讓我知道我可相信自己的能力；當我害怕挑戰時給我勇氣；對我有信心；當我無法獨自解決問題時會伸出援手；會在不對我造成困擾的情況下力挺我；不會因為他們的緣故而有罪惡感；允許我表達自己的意志，而且經常能夠獲得實現；允許我發脾氣……

負面屬性：忽視我；經常放我獨自一人；總會苛求我；非常專制；自以為是；不太會教導我；不會支持我獨力完成事情；過份分擔我自己該負的責任；與我有關的事情大多都會為我做決定；以愛為名向我施壓，使我備感壓力；對於我該成為什麼樣的人有著清楚的想法；沒辦法應付我的憤怒情緒；過度保護我；緊緊地束縛住我；我不能夠與她／他疏遠；她／他自己很需要人家照顧，我總是得要照顧她／他；總是在忙她／他自己的事；雖然慈祥，但也非常陌生；沒辦法應付我的軟弱情感；太過放任我；我總覺得自己比父母強……

○ **以羅伯為例**

媽媽像崇拜偶像那般愛我，太過愛我。她帶給我很大的壓力，讓我喘不過氣來。每當我放她孤單一人，我的罪惡感總會油然而生。她很需要人陪伴，我對她是又愛又恨。

爸爸並未保護我免於承受來自媽媽的壓力，他讓我獨自去面對媽媽。但他卻也教導了我一些事情，提升了我的獨立性。不過他從前應該要更常叫媽媽走開，這樣我才不會老是受她擺佈。

◐ 第二步：父母在獨立自主方面給了你怎樣的榜樣？

練習

是否被允許發展你的獨立性？

請回想一下，父母——特別是與你同性的那一方，在自主與獨立方面給了你什麼示範。他們是自由、自決，還是偏向於依賴、迎合？或者，他們其實過份自主，換言之，經常在身體和／或心理上缺席，與家人關係疏遠？

○ **以羅伯為例**

媽媽：非常不獨立，總是牢牢地抓住我，因為爸爸很少陪在她身邊。但她也沒有能力離開爸爸，她在情緒和財務上都仰賴他。

爸爸：老是在忙自己的事，他只在乎自己，不太願意妥協。他常常放我和媽媽獨自待在家裡，他的自主是自私的那種。

◐ 第三步：父母如何應對你的憤怒？

如前所述，攻擊性如憤怒、生氣是使我們對人設限、與人劃清界線、走我們自己的路十分重要的情緒。某些人具有過度的攻擊性，某些人又過度壓抑攻擊性，這兩者都會對自主經驗與自主行為造成負面的影響。

心理學中，我們將攻擊性區分為「被動攻擊」與「主動攻擊」。主動攻擊一眼就能看出，像是明顯地爭辯、維護自己、爭吵、吼叫、動手毆打等等；至於被動攻擊則是暗著來。壓抑攻擊性的人往往具有被動攻擊性，這代表著他們不會表明自己想要什麼、不想要什麼，他們會躊躇猶豫、築起高牆。被動攻擊的樣態包括沉默、磨蹭、給予承諾卻不兌現、忘記承諾、刻意為難他人、躲到一個高牆後面、固執地做著自己的事、不願妥協等等。

以正面心態自主形塑人生的人，能夠表達出自己的願望、為自己說話、與他人辯論、與他人談判。換言之，他們會有建設性地利用攻擊性的能量。因此，對於周遭的人來說，他們簡單易懂、一目了然。相反地，過度具有（主動）攻擊性的人，對於權力會有顯著的渴望，他們會藉由專制、苛刻、好戰、吵鬧、頑固或不願交涉等方式行事，來遂行自己的自主與需求。

以被動攻擊來形塑自主的人，對於權力同樣有顯著的渴望。但他們卻是出了名的「泥水匠」，他們不會多說什麼，只是頑固地做著自己的事情。他們會去虛應涉及關係的對話，在口頭上做些承諾，但事後卻依然故我；不過，有些十分頑固的人，卻是連口頭承諾也不願意做。然而，某些攻擊性受到壓抑的人，卻也會透過訴苦和抱怨來操縱他人。他們經常是愛哭、愛發牢騷，想要藉由這樣的方式博取伴侶或他人對他們的關懷。採取這種影響方式的，絕大多數都是女性，但男性也大有人在。

練習

是否被允許發脾氣或擁有自己的意志？

請思考一下，你是以什麼樣的方式追求個人利益、滿足你個人的需求？父母如何對待你的意願？你是否被允許擁有自己的意志？是否被允許發脾氣？在實現個人利益的方面，父母給了你什麼樣的榜樣？請分別寫下，父母各是如何對待你和他們的憤怒情緒。

○以羅伯為例

媽媽很喜歡訴苦。她用軟弱和需求來操控我。她幾乎從不發脾氣，只會表現出失望之情；比起發脾氣，這其實更令人難以承受。為了與媽媽融洽相處，我必須壓抑自己的憤怒。每當我生氣時，她就會潸然淚下，我馬上會生起滿滿的罪惡感，因此我不得不「自願地」收起憤怒的心情。時至今日，每當我想起過去那些情況時，我還是不禁會感到窒息；每當茱莉亞要求更加親密或感到悲傷時，我也會萌生同樣的感覺。

爸爸是個具有被動攻擊性的人，他可謂是典型的「泥水匠」。他會執著地做著自己的事情，而媽媽則總會苦苦哀求他的理會。他會逃避到自己的工作或嗜好中。仔細想想，我如今的行為方式，其實和爸爸沒什麼兩樣。哎呀！

◐第四步：找出你的信條

現在要來找找你在自主方面所發展出的信條。重要的是，結合方面的信條與自主方面的信條之間存在著頗大的交集。這意味著，在細數信條的過程中難免會有重複的情況發生。這無非是因為，自主與結合總會交互作用。因此，一個在結合需求方面受挫於父母的小孩，可能會發展出例如「我必須獨自將事情完成！」的信條，這代表著這個小孩沒什麼與他人結合從而信任他人的經驗，於是他就偏向自主的一方，他無意識地決定必須一個人獨自應付，藉此來解決自己的問題。

接著來看看在自主方面，你是否還找到了更多新的信條，又或者你在自主方面所找到的信條，其實就跟你在結合方面所找到的信條一樣。

練習

你的自主信條

根據父母所滿足的自主需求，你發展出什麼樣的信條？

❶ 自主的正面信條

- 這件事我辦得到（我可以獨力完成此事，我很堅強）。
- 我可以／被允許維護自己。
- 我可以擁有自己的意志（我可以做自己）。

- 我成熟而獨立（我擁有控制權，我能夠發揮影響），我與他人平起平坐（我擁有平等的權利）。
- 我可以保持疏遠（我可以做我自己的事，我可以讓對方失望）。
- 我可以憤怒（我可以有我自己的感受）。
- 我比你還了不起（我強過你，我是最強大的）。

❷ 自主的負面信條

- 這件事我做不到（我被苛求）。
- 我什麼也做不成（我不夠成熟。我需要幫助）。
- 我是弱勢的（我很弱／小，我受人影響，我任人擺佈）。
- 我孤孤單單。
- 我軟弱無能（我無依無靠）。

❸ 表述保護策略的信條

- 我必須封閉自己（必須逃避、隱遁……）。

- 我必須抗拒對方、維護自己。
- 我不能夠屈服。
- 我必須一直當個小孩。
- 我不能夠與人疏遠。
- 我不能夠說不（我不能對人設限，我不能擁有自己的意志，我的願望無關緊要）。
- 我必須獨力把事情完成（我不能信任他人）。
- 我必須隔離自己（我必須隱藏自己）。
- 我不能夠維護自己。
- 我必須遷就（我不能發脾氣，我不能讓對方失望）。
- 我必須維持控制權／優勢／權力。
- 我必須贏（我必須是最強大的）。
- 我必須戰鬥。

○ **以羅伯為例**

負面信條：我軟弱無能，我任人擺佈。

表述保護策略的信條：我必須屈從，我必須築起高牆，我必須封閉自己。

練習

找出你的核心信條

在自主方面，我們也要專注於你的核心信條；且容我提醒一下，這些核心信條涉及到你所受到影響的問題。以羅伯為例，一切的問題都是源自於他不能讓對方失望、他必須屈從（這些是他在與母親相處中所學到的）。於是，他的解答就是（以他的父親為榜樣）：**我必須隔絕自己**。

請再度審視你在自主方面的所有信條，接著再感受一下，哪些是最重要的信條，請寫下來。

○ **以羅伯為例**

我不能夠令對方失望，我必須屈從，我必須隔絕自己。

◐ 第五步：辨識你的情感

練習 認識你的情感

在找出核心信條後，請你感受一下自己的內心，當你想到個人的自主與自由時，核心信條會帶來什麼感覺，或是在你身上引發什麼情感。你也可以想想目前的（或從前）戀情，哪些負面情感總是一再油然而生？你的哪些情感對於伴侶關係非常具有負擔／具有破壞性？身體對於這些情感有何感受？在提到自主時，許多人身上都會產生如壓力感（在胃、喉嚨、肩膀等部位……），這些感覺表現出了他們的配合壓力。

在自主模式中，內疚、憤怒、蔑視等情緒扮演了特殊的角色。有些人在幼年時期為了維持與父親或母親的關係，負起了過重的責任，以致他們的自主強烈受限，這些人很容易產生罪惡感、很容易感到內疚。他們內心覺得自己必須為對方的感受負責（小時候則是必須為父親或母親的感受負責）。這樣的情感責任往往會讓他們產生憤怒或蔑視的情感，因為他們的內心會想抵禦這種情感的責任或愧疚。為了支持自主而破壞內心平衡的人，在對待他人期待上會出現很大的問題；特別是對於伴侶的期待，他們的反應尤其敏感。他們的內在小孩總會覺得，自己必須乖乖地滿足所有的期待；正因如此，他們反倒變得執拗、倔強，變得偏愛反其道而行。

○ 以羅伯為例

由於配合所感受到的壓力；對於失敗的恐懼；緊張感與窒息感；罪惡感；憤怒；蔑視。

◐ 第六步：總結

練習

點出你的自主程式

在此我想請你再度整理一下你在自主方面的想法、情感和態度，好讓你看清自己的自主程式。在這個過程中，重新審視我們針對自主方面所做的練習和記錄，進而找出主軸，會對你很有幫助。

○ 以羅伯為例

媽媽用她的愛壓迫我，我因此產生了濃烈的罪惡感，我總會覺得自己必須一直陪在她身邊（如今則換成了茱莉亞）。但這卻會在我身上引發強烈的緊張感，以致我會立刻變得執拗，變得想要反其道而行，換言之，我會試圖封閉自己。導致我在與茱莉亞的關係中，我總是在為自己的自主奮戰，儘管茱莉亞根本就不是我的母親，她基本上也沒有特別拘束我。持平而論，她對我的期待甚至可說是完全合理。

認識你心中的陰鬱小孩

陰鬱小孩是誰？陰鬱小孩是受了傷的內在小孩、受到父母負面影響的那個部分。舉凡你在結合、自主與自我價值感等方面所受的負面印記，我們全都把它們歸於你心中的陰鬱小孩。這些負面印記可謂是你的干擾程式，它們至今一直在妨礙你，無法如自己所願地在伴侶關係中幸福生活著。每個人都可能受到負面影響，因為這世上沒有完美的父母，也沒有完美的童年；也就是說，**每個人的身上都會住著一個陰鬱小孩**。

「陰鬱小孩」是個我們可以善加利用的比喻。讀過我的前作《童年的傷，情緒都知道》（*Das Kind in dir muss Heimat finden*）的讀者想必早已熟知這個比喻。在這本書中，我主要談論的是你的結合程式與自主程式，陰鬱小孩代表了這些程式中有問題的部分。換言之，在童年時期所受到的過程而導致你在自主及結合方面所出現的困難、負面印記，我們都將之歸類在你心中的陰鬱小孩。你可以在心裡默想，也可像茱莉亞一樣，將這一切寫在紙上，讓陰鬱小孩具體地呈現在你的眼前。

在此，我還要稍微提醒一下，陰鬱小孩的對立面是陽光小孩，陽光小孩就是象徵著我們的正面印記，以及身為成人的自己所能正面地形塑的一切。也就是說，**陽光小孩是我們的目標狀態**；在本書後面內容中他將扮演一個重要的角色。

練習 可視化你心中的陰鬱小孩

如果你真的想要好好了解陰鬱小孩，以視覺的方式去掌握他會是值得的。這項練習既簡單又有效，因為你一眼就能看出你的童年印記是什麼。因此，我建議每個人都做做這項簡單的繪畫與書寫練習。請在一張至少A4大小的紙上畫一個小孩的形象；可參考一下封面內頁的範例。

接著請在左右兩側分別寫上你在童年時對父母（照顧者）的稱呼，像是爸爸、媽媽、阿爸、阿母、爹地、媽咪等等。在那下面請以關鍵字寫下，父母／照顧者過去曾是怎麼樣的人，或者童年時你曾接觸過的形象。你可以利用自己在結合及自主方面所做的記錄作為這項練習的基礎，並再整理一下，父母在結合與自主所具有的重要的、負面的特質。至於正面特質，我們將留待陽光小孩時再作討論。

....

○ **茱莉亞為例**

媽媽：經常不在家，無法應付軟弱的情感，不太會安慰我。我必須堅強，不能哭泣。

爸爸：經常不在家，有時容易發脾氣。

....

接著請在陰鬱小孩人形的胸部和腹部處寫下：結合與自主方面所找出的負面核心信條，最多不要超過五個。

....

○ **以茱莉亞為例**

害怕失去；嫉妒；我會被拋棄；我不夠格。

....

同樣也請在陰鬱小孩人形的腹部寫上，在涉及到結合與自主的主題時，在你身上所產生的負面情感。

如果你已寫好一切內容，這時在你的面前應該出現了一幅你心目中的陰鬱小孩圖像，也就是說，你可以一目瞭然地看出，一再在關係中造成問題的種種印記。畢竟，重要的就只是，化為我們的信條及相應情感的種種印記。

為免總是受到這些造成負擔情感與負面信條的影響，或是為了消弭我們的自卑感，我們（早自童年起）發展出了「保護策略」，這些保護策略往往早已內化成了信條，例如「我必須乖巧、聽話！」、「我必須完美！」，或是像羅伯那樣，「我必須隔絕自己！」關於保護策略，我會在後面篇章做更詳細的說明。在此我想先強調的就只有：自我保護策略總會非常強烈地對我們的伴侶關係造成負擔，因為它們會體現在我們的行為中。

不過，首先我們還得稍微探究一下，我們是如何感知實際、建構實際，並且將這些反映在陰鬱小孩的背景上。換言之，去了解你的信條對於你的感知、思考、情感與行為具有多麼重大的影響力是非常重要的。因為光是能夠認識內心的程式，認識心中的陰鬱小孩，你就能跟他保持距離，進而妥善地調整自己的想法與情感。

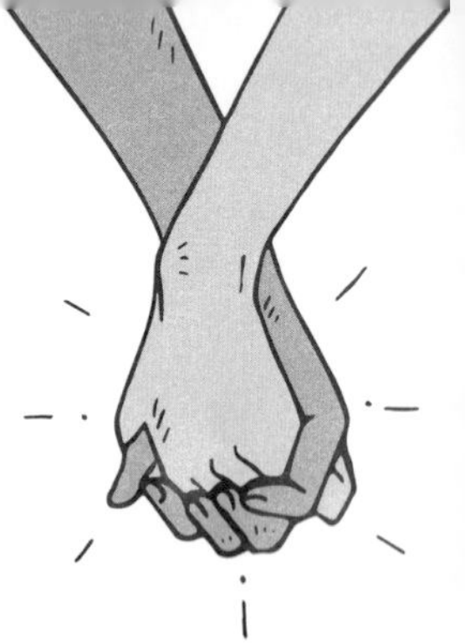

我們的4D電影：從現場視角到觀察者視角

「我坐在雪橇上，風景對著我迎面而來。我無法控制雪橇，雪橇順著斜坡向下衝去。高高低低，我不禁痙攣地挺住；在驚恐中，我的身子變得僵硬。就在此時，一個深淵、一個深不見底的峽谷突然出現在我眼前。我無法停住雪橇，一整個徬徨無助。我知道，我就要完蛋了……」先前我在「巴伐利亞影城」（Bavaria Film Studios）體驗4D動畫片《雪橇》，情況大概就是如此。

3D特效是利用3D眼鏡製造出來的，至於4D，則是借助我所坐的椅子，那張會隨著動畫播放而同步搖晃的椅子，而且還有風會對著我吹。這個「我確實坐在雪橇上」的幻覺可說是非常完美。當這場表演結束時（所幸只有五分鐘），我不禁感到：就是這樣！當我們把自己和心中的陰鬱小孩等同起來，這時我們就會處於**現場視角**，深信自己思考及感受的一切，我們可謂是困在個人的4D劇院中。倘若想要脫離這部影片，我們就得從現場視角轉換成**觀察者視角**。唯有處於觀察者視角，我們才能看出，其實我們是安安穩穩地坐在一個劇院裡，一切都只不過是螢幕上投射的影片。

這到底代表著什麼呢？如果你把自己和心中的陰鬱小孩劃上等號，這時你會深信自己可能是不夠格的，或是父母的期待讓你不堪負荷。你會深信你的信條；這也是為何它們會叫做「信條」。然而，這裡所涉及到的其實只是一些「武斷」的印記，只是陳述了某些關於你的父母（至少是部分的）不堪負荷、難以勝任的事情。如果父母過去不是那樣（無論是好是壞），你或許就會發展出不一樣的信條。就是這麼簡單！

換言之，信條反映了父母的關係能力與教養能力，而非反映了客觀的事實或你的人格。你大可站在觀察者視角，憑藉思路清晰的理智（希望如此）去證實這一點。站在觀察者視角，你是從外部去觀察你自己。這時你可以在完全不帶情緒、純然理智的狀態下，去觀察自己、去判斷事實情況，宛如你是位法官在審理自己的案件。也許你這時甚至還想再次這麼做：視覺化你自己，或者，更準確地來說，視覺化你心中的陰鬱小孩，完全從外部往內看，這一切與你的種種印記有何關係。

請你判斷一下，信條以及與它們相連的那些情感是否「確實」合理。或者，它們是否其實只是你和父母相處所產生的一種結果，如果相處情況不是那樣，或許就會有個不一樣的結果，而且這個結果不完全取決於你小時候的成長過程。請你試著想像一下，父母過去有著截然不同的行為方式，你立刻會發現，這會直接影響陰鬱小孩人形腹部裡的那些信條。陰鬱小孩顯示出了父母行為與子女發展之間的交互作用；其實，陰鬱小孩並沒有透露太多你的真實性格。

位於「額葉」（frontal lobe）的理智，雖然工作速度較慢，但卻遠比位於「邊緣系統」（limbic system）的「杏仁核」（就演化生物學來說，這是一個更為古老的大腦部位）的情緒更為徹底。這對我們的行為有著嚴重的影響：當我們感受到恐懼，這種情緒就會以迅雷不及掩耳的速度到達我們的意識，進而引導我們的行為，因為在極端的情況下它能確保我們的生存；這時不容理智慢條斯理地去斟酌、衡量。理智沒有辦法對抗杏仁核；至少在它劇烈地、強烈地告急時無法對抗。一直要等到情緒回復平靜，理智才有出擊的時機，它才能好整以暇地去分析和理解整個情況。理智是觀察者視角的重要工具，在現代心理學中，我們也將邏輯思考的理智稱為**內在大人**或**成人自我**。

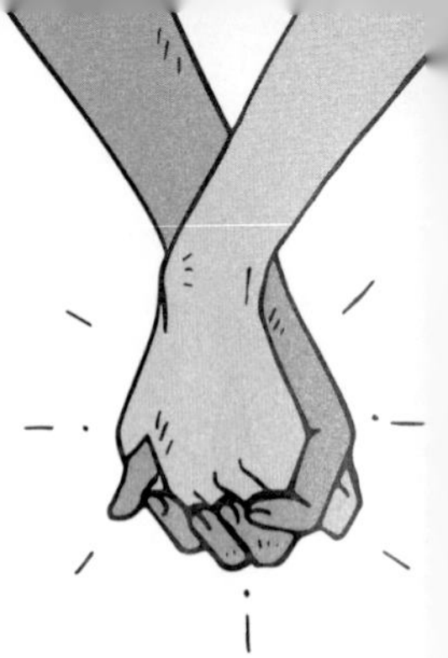

我們的成人自我

成人自我是遠離陰鬱小孩投射的重要工具。所謂「投射」就是把自己所擁有的自我形象轉移到他人身上。舉例來說，茱莉亞的陰鬱小孩認為自己是不夠格的、是拙劣的；每當羅伯藉由工作或浸淫在嗜好中而對茱莉亞保持距離，茱莉亞就會把她的自我形象投射到羅伯的腦袋裡，她認為羅伯之所以疏遠她，無非是因為她不夠好、不夠美、不值得人愛。茱莉亞同樣也會藉由投射得到她要的解答：她試著讓自己變得更好、更美、更親切，讓羅伯接納自己。

不過，唯有當茱莉亞將自己與陰鬱小孩劃上等號，而且相信陰鬱小孩的感覺與想法，她才會持續致力於這一切。如果她改變了視角，本著自己的「成人自我」審視整個情況，換言之，轉換到「觀察者視角」，誠如在結合程式做過的練習，她就能看出，羅伯的行為並未對她的價值做出任何闡述，其實只是顯露出他心中的陰鬱小孩。

羅伯的陰鬱小孩很容易會覺得困窘，無論是和哪位女性在一起，他都會把自己與那黏人又嘮叨的母親相處經驗投射到別的女性身上。也就是說，倘若憑藉成人自我去分析茱莉亞與羅伯的行為，就可以從外部的觀察者視角看出，在此相遇的並不是兩個成年人，而是兩個陰鬱小孩；在這當中，茱莉亞的陰鬱小孩渴望結合與親密，羅伯的陰鬱小孩雖然也渴望結合與親密，可又過於害怕被一位強勢的女性所「俘獲」，以致他無法相信對方。羅伯鮮少感受到自己的結合渴望，除了在他真正對茱莉亞敞開心胸的少數時刻。

日常生活中，陰鬱小孩視角與理智視角的感知總會混淆不清；我們並不習慣將這兩種意識狀態相互分離，因此，我們過於認真對待陰鬱小孩的情感，過份相信它們。所以，茱莉亞的狀況：「羅伯在伴侶關係中有點難搞」這項明智的洞察與她所懷有的「我不夠格」混為一體。只不過，她對失敗和失去的恐懼，遠遠強過「羅伯是難搞的」這項理智的異議。由於羅伯的矛盾行為強烈地激活茱莉亞的結合系統，茱莉亞誤把對於失去的恐懼感覺成偉大的愛情，這是種進退兩難的困境。

為了解決這個兩難，她必須與羅伯的種種情感保持距離。換言之，她不能相信自己墜入愛河的情感（那其實是對於失去的恐懼），更不能以此作為自己做決定的基礎。在這當中，茱莉亞的理智對她有很大的幫助；事實上，她之所以強烈地愛上羅伯，無非只是因為她無法穩穩地讓他上鉤。此外，強烈的情感又導致了茱莉亞陷入了弱勢處境繼而將羅伯理想化。在這段關係中，羅伯可說是決定親密或疏遠的獨裁者，這有助於讓他在茱莉亞的陰鬱小孩眼中顯得閃耀而偉大。如果茱莉亞能夠徹底地、百分之百地站在觀察者視角上，她就能看出其實自己與羅伯是處於平等地位，他並非遙不可及的夢幻英雄，他只是一個在親密與愛情關係存在很大問題的傢伙。如此一來，她就能擺脫與他的糾葛，明明白白地了解，雙方現在的情況不是她能控制的，因為羅伯的感覺與行為的控制權並不在她手上。茱莉亞可以藉由視角轉換將羅伯「去理想化」。我的工作上經常可見，顧客在轉換到觀察者視角後，突然從自己的愛情酒醉中清醒過來。

至於羅伯，站在觀察者視角他也能看出，茱莉亞並不是他的母親，他也不再是個小孩，如今他已長大成人，個人自由因此獲得保障，完全不必藉由隔絕自己的生活伴侶來捍衛自己的自由。換言之，羅伯可以借助成人自我來消弭種種投射。

你該如何強化成人自我呢？我將留待〈強化你的成人自我〉篇章中，再為你做詳細的說明。接下來，我想先和你探究一下陰鬱小孩的保護策略。

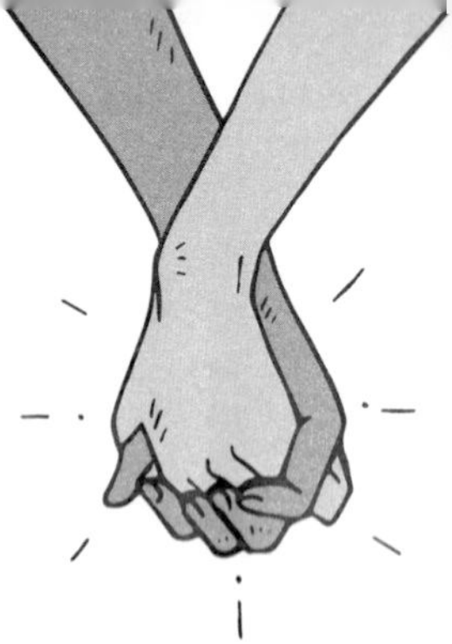

陰鬱小孩與他的保護策略

如前所述，茱莉亞為了取悅、討好羅伯費了許多功夫。我們可以把她為解決問題所做的嘗試稱為**自我保護策略**，或是簡稱為**保護策略**。

保護策略是我們為了避免感受到負面信條及由其所引發的種種令人不舒服的情感所做的嘗試，幾乎可以說是對於我們受創的自我價值感所做的補償。也就是說，如果我根據自己的信條堅決認為「我是不夠格的」，我就會設法讓自己無論如何都能變得是夠格的，例如我會藉由試著把一切都做對或做到完美，「追求完美」是一種十分常見的保護策略。

另一種常見的保護策略則是「追求和諧」。一個人心中的陰鬱小孩若是非常害怕遭拒，他往往就會致力於避免任何形式的衝突。這樣的人經常會在心中百般不願下答應別人，因為他們的陰鬱小孩非常努力地想要滿足他人的所有期待、想要取悅每一個人。

不過，也有一些人並非藉由乖巧、聽話或把一切做對，而是透過強烈主張自己的權利或具有攻擊性的奮戰，來保護他們心中的陰鬱小孩。

就連保護策略，我們也能根據結合與自主來做分類。滿足結合的保護策略，全都是當事人力求配合的方法，包括了追求完美、追求和諧、繼續當個小孩、責任讓與、哀求與依附、消費與成癮等等。至於滿足自主的保護策略則有如追求控制與權力、拒絕與築牆、逃避、攻擊和抨擊等等。可以這麼說：**偏向於結合的人，往往會藉由配合、迎合，採取被動的保護策略；偏向自主的人，則往往會藉由控制、鬥爭，採取主動的保護策略。**

每個人或多或少都是採取多元的保護策略。表現於外的就是我們會致力於盡可能避免犯錯，但也都非常喜歡推卸責任，而且我們也都會追求控制，畢竟控制是自主的一個重要的部分。只不過，根據我的觀察，絕大多數的人都會表現出某種偏好，他們要不就是採取較多配合的保護策略，要不就是採取較多自主的保護策略。從實際情況觀察發現，女性泰半傾向於配合，男性則多傾向於自主。這也解釋了，相對於男性，對於那些一再試圖保持距離的女性，經常緊緊依附並未真正接納她們的男性的原因。不過，根據我的估計，同樣也有大約三分之一的男性傾向於採取配合的保護策略，而且也有大約三分之一的女性傾向於採取自主的保護策略。某些人還會擺盪於結合與自主之間，他們會像羅伯和茱莉亞那樣，根據關係和關係的階段，轉換成被動與主動的結合恐懼的角色（參閱〈害怕失去讓人感到刺激，安全無虞令人覺得無聊〉）。

唯有當保護策略十分強勢，但無法解決掉根本問題，反倒讓問題變得更為嚴重，甚或製造出更多的麻煩，這時的保護策略才會出現瑕疵。自我保護策略會表現在我們的行為中，可能會對人際關係造成重傷，舉例來說，如果我總是嚴密監視著伴侶，藉此高度控制著對方，那麼對方難免會對此感到壓力重重或惱火；如果我總是追求和諧，為此犧牲自己的願望，那麼，長此以往，我就難免會覺得自己在關係中並不舒服，可能會因此想要結束這段關係，好讓自己終於能夠再度去做自己的事。

許多人會藉由追求完美來剝削自己，在嚴重的情況下，甚至可能會陷入所謂「倦怠」（burn out）的情況。茱莉亞拚命想要抓住羅伯，此舉反而導致他越來越疏離她，另一方面，羅伯的拚命逃避反過來卻也導致她越來越強烈地想要抓住他。

是以，如果我們想要改善關係品質，或是找到一個適合的伴侶，就應該深入地研究一下自己保護策略。因此，接下來的幾節裡，我將針對這個議題進行闡述。不過，在那之前，我想先簡短地說明一下，保護策略與外向者及內向者的人格特質之間的關係。

一、外向者與內向者的保護策略

我相信，一個人為了自己所發展出的保護策略，同樣會受到內向或外向的遺傳基本特質所左右。「內向」與「外向」所關乎的是，涉及到無數特質的不同個性風格。一個人究竟是偏於內向、還是偏於外向，這點強烈地受到遺傳的預先決定。

內向與外向的心理結構是由著名的瑞士籍醫師暨心理分析師榮格（Carl Gustav Jung）首先提出。根據他的觀察，人們獲得活力有兩種不一樣的來源：一是與外在世界接觸，一是與內心世界接觸。因此，內向與外向所關乎的是一種活力的概念。外向者會藉由與他人接觸來為自己充電；反之，內向者則會透過把時間留給自己來為自己充電。這兩種不同的傾向各自伴隨著一整套性格特徵與行為模式。正面的外向特質有：擅於社交、喜歡發言、劍及履及、願意冒險、自動自發、具有衝突能力等等。而內向者則喜歡沉潛於自己的思想和多層次的內心世界，重要的正面特質則有：謹慎、專注、獨立、冷靜、擅於分析的思維、具有同理心、擅於傾聽等等。

內向者與外向者的大腦運作方式截然不同。「交感神經」（sympathetic nervous system）與「副交感神經」（parasympathetic nervous system）共同組成「自律神經系統」（autonomic nervous system；又稱「植物神經系統」〔vegetative nervous system〕），但兩者卻又是彼此的對手。交感神經可謂是動的神經，為身體做好戰鬥或逃亡的準備；相對地，副交感神經則可謂是靜的神經，幫助身體休息，獲取力量。自律神經系統會自動運作，意志能夠對它發揮的影響十分有限。外向者會比較強烈地受到交感神經所左右，內向者則會比較強烈地受到副交感神經所左右。

因此，對於「動」，外向者會有遠比內向者更大的渴望。他們的大腦會渴求「多巴胺」（dopamine），交感神經系統的「信使」（「神經傳導物質」〔neurotransmitter〕），他們也比內向者容易成癮，諸如美食、酒精、性愛、獲利與成功，都有助於釋放出迫切受到渴求的多巴胺。外向者高度需要來自外界的輸入，藉此才能感覺到刺激。刺激不足會導致他們易怒，如果外界一片寂靜、無事寂寥，他們很容易就會感到無聊。此外，他們大多難以獨處。

相反地，副交感神經系統的信使則是「乙醯膽鹼」（acetylcholine）；如果乙醯膽鹼的含量過低，內向者的大腦就會產生壓力。當內向者受到過多的輸入，特別是社會接觸等形式的輸入，他們情緒就會容易激動。一般說來，內向者有個較為敏感的恐懼中樞；避免恐懼或獲得安全遠比可望得到獎勵更能激勵他們。

受到多巴胺的影響，外向者遠比內向者更偏好欣快與熱情，平均來說，他們的心情比較好，卻也更為衝動。當外向者處於壓力的狀態下，他們往往會轉為具有攻擊性。外向者可能會有的負面特質包括：沒有耐性、具有攻擊性、膚淺、自賣自誇、自我迴避、粗心大意。

如果一個外向者因為偏向結合一方而破壞了內在的平衡，他就會傾向於積極爭取青睞與關注。他們可能會走近他人、敞開心扉、談論自己的問題、藉由開放態度來贏得他人的同情，這種種行為都具有正面的意涵。至於製造負擔多於減輕負擔的自我保護，在外向方面，則有可能會是強烈要求關注與青睞，正如我們也在歇斯底里的人身上見識到的那樣；關於這一點，我將留待〈歇斯底里的保護策略〉裡再做更詳細的說明。這時他們會過度強烈地表現自己、在對話中非常投入、老是在談論自己、幾乎不去詢問他人的感覺。為了分散對自己的注意力，外向者也可能會汲汲於自己的工作或休閒活動，會逃避到各式各樣的活動中，特別是社交活動，讓自己總是忙個不停。在自主方面，他們所具有的衝突能力，在與他們的衝動結合下，往往會演變成長期的、不當的戰鬥準備，正如我將在自我保護策略〈攻擊與抨擊〉裡闡述的那樣。外向者的鬥士性格也會誘使他們，耗費過多的時間去為某段關係或某項事物奮鬥，以致太晚才看清，何時應該放手。

相反地，如果內向的人不能在自己的內心尋得安定，他們往往就會傾向於過度焦慮、小氣、被動、退縮、自我否定、避免接觸、一成不變地固著於某些習慣。相應地，他們的保護策略也會遠比外向者的保護策略更具有防禦性。內向者會躲進自己的「蝸牛殼」、逃入自己的幻想世界，與外界的關係變得越來越脆弱。不過，正面而言，內向者的小心謹慎倒也有助於他們為自己的問題找到一個妥善的解答。無論如何，為了保護自我，他們需要退入一個能讓他們感到安全的環境中。

◐ 伴侶關係中的內向者與外向者

在外向者與內向者之間的伴侶關係中存在著什麼陷阱呢？兩者之間的本質差異在於內在處理過程。內向者的「神經傳導路徑」（neural pathway）長過外向者的神經傳導路徑，這也是後者的反應速度會比較快的主要原因；但我們卻不能據此做出任何與智力有關的結論。在對話中，這樣的差異所造成的影響表現出來或許會像這樣：當人們對某位內向者提出一個問題，為了回答這個問題，他多半會短暫地省思一番；換言之，在他開口前，他會先思考。相反地，外向者則會同時說話與思考，因此他們有時會訝異於自己脫口而出的東西，無論是好是壞。舉例來說，一位外向的太太下班後回到家裡詢問她內向的先生今天過得如何，這位先生會先短暫地思考一下，自己今天究竟過得怎麼樣。這種慢條斯理的「不立即反應」，會被無法理解內向者的外向者誤解為沉默，這位外向的太太或者乾脆不等內向先生的回答，反而自顧自地說起自己過了怎樣的一天。但此舉又會讓內向者誤以為：對方根本都不在乎我今天到底過得如何！這種情況下，這位內向先生或許就會在受辱的感覺中縮進自己的「蝸牛殼」。

特別是在種種的討論或針對關係的對話中，內向者與外向者不同的處理速度與談話速度，往往會引發許多衝突。因此，外向者往往會獨自主導針對關係的對話，因為，快如外向者所期待的反應，對於內向者來說會是種苛求。這會導致內向者把自己完全封閉起來，導致外向者追著他們嘮叨個沒完。在這樣的情況下，人們最好留給內向者一點思考的時間，例如把對話留到第二天再繼續。

另一方面，內向者對於外向者的衝動往往給予過於負面的評價。內向者害怕大聲爭吵，當外向者真的這麼做時，內向者會覺得這簡直是令人無法接受。因此，在這裡我要勸告所有的內向者，別太把外向者伴侶的衝動放在心上，並且要體諒他們，他們可能同樣也會受不了那些能讓內向者感覺良好的事情。

總體而言，我們可以說，外向者比較傾向於以主動的方式展現攻擊性，他們比較願意與人討論、爭吵；相反地，內向者則比較傾向於以被動的方式展現攻擊性，他們往往會築起高牆或退卻。關於被動攻擊與主動攻擊的形式，我在後頭還會經常提到。

如果你不確定自己究竟是偏於內向還是外向，你可以前往我的網頁www.stefaniestahl.de做性格測驗，這個測驗將告訴你答案。不僅如此，這項測驗還能測定其他天生的特質，所以最後你能得到一份十分清楚的類型描述。

關於這方面，我也曾經寫過一本名為《我就是這樣！》的書，對於如何處理伴侶間的衝突，這本書可以為你提供許多既有趣、又有助益的啟發。

二、運用在結合方面的自我保護

為了滿足對於結合的需求，我們必須配合別人或討好別人；每個人都會在不同的程度上做這樣的事。然而，如果配合的程度過高，高到我們犧牲掉很大一部分的自主，這就不再是「健康」的配合，而是涉及到某種自我保護策略。

如前所述，早在童年時期，我們就已經發展出許多保護策略。在童年時期裡，為了能與我們的父母（照顧者）和諧相處，那些保護策略可算是很有助益的解答。不過，由於它們會在不知不覺中被我們一起帶入成年時期，反倒會發展成所謂的**干擾程式**，對我們在成年時期裡的種種關係造成負擔。這時外在的條件其實已經改變了；長大成人的男性和女性不再是必須依賴父母的小孩。問題是，他們心中的陰鬱小孩還不明白這一點，許多人都會過度配合他人，而且完全沒有察覺到這一點，因為陰鬱小孩已經成為他們的第二天性；或者，用我慣用的方式來說，他們把自己與陰鬱小孩完全等同起來。於是，他們因害怕必須孤獨地生活而逗留於不太能帶給他們幸福的關係中。或者，他們會根據他人的期待調整自己的決定。遭人拒絕、被人拋棄是他們的基本恐懼。他們非常努力地想要做對一切，不讓任何人失望，為此他們會犧牲一部分自主與自決。也就是說，一個人若是不能讓人失望，他就無法當個自由的人。

在許多案例中，當事人其實並沒有真正脫離父母；即使他們根本不再與父母聯繫，或是父母早已過世。他們把自己與陰鬱小孩等同起來，這意味著他們活在與父母相處所獲得的那些印記中，始終陷於迎合父母的期待中，或者老是在反叛此事，這反倒讓他們更強烈地與父母連結；一個人老是要對父母或他人的期望反其道而行，同樣也無法在自己的決定上獲得自由。

在這當中，我想指出的是，父母的期望不一定非得是現實的，它們也可以是「想像的期望」。關於這點，我想再次借用茱莉亞的例子來說明。

茱莉亞懷抱著像是「我不夠格！」和「我會被遺棄！」等信條。這些信條激發了她的自我保護。她所採取的保護策略有：追求和諧、追求完美、哀求與依附及「安慰食物」。早在童年時期，她無論如何都想要取悅父母，藉此把他們留在身邊；如果他們還是讓她獨自在家，她就會借助甜食來安慰自己。

茱莉亞的例子清楚地說明了，父母並沒有要求子女做出相應行為，以主動介入子女的保護策略。茱莉亞的父母其實並無期待她必須總是乖巧、聽話且盡可能表現完美。他們其實很疼愛茱莉亞；經常不在家的原因恐怕該歸咎於工作。只不過，雙親皆不願意為了孩子犧牲自己的事業，留在家裡陪伴這個孩子。就這點來說，年幼的茱莉亞所感受到的：「我對父母不夠重要」（至少不是最重要的），這種感覺並非完全是錯的。在她年幼的想法中，她把這樣的情況歸因於自己。於是她產生了這樣的信念（信條）：我是不夠格的，我必須更加努力才能取悅父母。正確的詮釋其實應該是：父母忙著打拚事業，他們為了工作犧牲掉了一部分與女兒的關係；然而，沒有任何小孩會有這樣的洞悉。

時至今日，茱莉亞已經長大成人，可以獨立自主；儘管如此，心中的陰鬱小孩卻還是憑藉著她所慣用的保護策略，在爭取羅伯的關注與愛，陰鬱小孩認為，沒有羅伯，自己就會活不下去。茱莉亞的陰鬱小孩的心智年齡大約只有五歲。陰鬱小孩的人格並不會跟著一起成長，它會停留在某個幼年的發展階段。

以下我將進一步說明最常被用在結合方面的一些保護策略。從所有策略中我們可以很清楚地看出，它們都是奠基在對於失去結合的恐懼。

此外，〈運用在自主方面的自我保護〉一節裡，我會再介紹一些最常被用在自主方面的保護策略。採取這些自主保護策略的人，基本上並不重視與他人的結合，維護自己所需的距離與空間，才是他們所在乎的。在這當中，我們必須謹記，「結合」是第一個發展階段，「自主」是後來以結合為基礎所建構出來的。許多採取自主保護策略的人，都是以此舉來回應某種結合傷害；這代表著，正由於他們同樣也傾向於過度配合，於是他們就反叛這樣的拘束。如果你從之後的篇章中發現，你主要都是採取自主的保護策略，那麼，請仔細想一想，你心中的陰鬱小孩其是不是太過於配合。

在閱讀以下的內容時，也請同時想一想，哪些保護策略是你經常使用的，請將它們寫在陰鬱小孩人形的腳部。

◐ 理想化與壓抑事實

感知構成了我們所有的情感、思想及行為的基礎。我們只會去反應所感知的東西；雖然有部分感知是在不知不覺中完成。然而，如果我不想感知某些事物，我就必須對某些事實視而不見，換言之，我必須壓抑某些事實。如果我的陰鬱小孩渴望結合，他就必須盡量縮小和欲與其相結合的人發生衝突的可能性。

如前所述，許多在幼年時期結合需求得不到滿足的人，會迴避與人爭執。因此，他們不僅會避免可能的衝突，甚至根本未曾感知到衝突。這也包括了，他們會理想化自己的情人，即便是在清醒的狀況下，情人顯露出了強烈的性格缺陷，過度配合的陰鬱小孩仍喜歡壓抑現實，美化一切。一般來說，他們會以沒有自己的立場或迴避評價來表現。

曾經有位女性顧客對我表示，她覺得自己被小姑背叛，對她深感失望，畢竟過去數十年來，她一直努力維繫著彼此非常親密的關係。這位顧客不幸因罹癌而病重時，小姑居然對她不聞不問，因為小姑不想承受這樣的負荷。女顧客當然覺得很受傷。

然而，如果仔細觀察一番，其實不難發現，長久以來，小姑一直就是個不好相處、不真誠的人。但女顧客卻從未認真看待小姑行為，只是單純的接受。她的結合渴望非常地大，盡管她出身於一個破碎而混亂的家庭，她還是希望能在夫家找到一個幸福、美好的世界，於是她便壓抑了會讓這樣的願望蒙上陰影的那些事實。如果她能早點睜開眼睛，認真地瞧瞧小姑的真面目，她很容易就能看出，小姑其實是個以自我為中心且十分不友善的女人。她或許從一開始就能對她保持一個健康的安全距離，省去那樣的失望。然而，我的這位女顧客為了平撫她心中的陰鬱小孩對於結合的渴望，卻是這樣子自欺欺人。

陰鬱小孩表現出強烈結合渴望的人，往往會有點天真地過活。他們有時會把自己說成「對這個世界太好」。他們會去配合他人、幫助他人、服務他人、承擔責任，然後默默地希望，自己能夠因此被愛、被接受。在寶貝策略〈張開雙眼〉那一節裡，我將告訴你，有什麼方法可以幫助你，態度稍微嚴厲一點地行走在這個人世間。

◐ 壓抑自己的情感

憤怒與攻擊性是和諧的大敵。經常配合別人的人，早在童年時期就已學到，憤怒是種不受歡迎甚或是種危險的情感，導致他們很早就開始練習壓抑這種情感。但最後竟連其他情感，也都會一併受到壓抑，因為它們可能會產生出某些會進一步妨礙配合的願望。對於過度配合的人來說，他們所在乎的，並不是他們自己所要的、自己所在乎的，他人對於他們的期待才是至關重要。

過度配合的人經常會哀嘆，他們不太能通往自己的情感。他們經常不能確定自己想要的是什麼，所以很難下決定。這樣的不確定性往往也會擴及到以下的這些問題：到底想不想與伴侶在一起、伴侶是不是正確的對象？由於他們認為自己無法正確地感受，因此他們並不相信自己的判斷。因為，在決定過程中，就連理性的判斷與衡量，也都需要情感的支持。

受到壓抑的攻擊性最終可能會以某種憂鬱的形式表現出來。憂鬱的人往往都是攻擊性受阻；這點特別適用於女性。如前所述，大約有三分之二的女性會借助過度配合的行為來保護自己，這也是長久以來「憂鬱症」被認為主要是女性疾病的原因。當事人覺得空虛、精疲力竭、沒有價值、內疚、沒有動力、了無生趣。如果我們仔細瞧瞧這些症狀，我們大可把憂鬱症理解成某種形式的「放棄」。在長期不斷地屈從於他人的願望與試圖滿足他人的所有期待下，憂鬱症患者到了某個時刻會對自己不屈不撓但卻徒勞無功的努力感到萬念俱灰。

憂鬱症可謂是這種努力配合的終點站。由於過度配合的人難以抗拒他人，無助與無力的感覺會在他們心中蔓延開來，直至某種「精神癱瘓」的境地。憂鬱症患者會慨嘆，除了空虛，自己再也感覺不到什麼。空虛讓當事人沮喪，甚至因此結束自己的生命。

男性與年輕人若罹患憂鬱症，較常會以攻擊的形式表現出來。由於教養的緣故，男性往往比女性難以去面對他們的軟弱情感（弱勢情感），像是沮喪、無助或哀傷等等。相反地，像攻擊性這種堅強情感（強勢情感）卻是可被允許的。因此，罹患憂鬱症的男性往往是易怒、具攻擊性和／或沉迷於成癮物質。約有三分之一的女性較傾向於自主端。根據我的觀察，當女性處於某種憂鬱的狀態時，她們同樣也會有較具攻擊性的反應，只不過，據我所知，截至目前為止，還沒有這方面的研究，尚無法做出明確的定論。

過度配合的人總會伸出自己的天線，藉以感知他人的期待。因此，他們的內心總是忙著處理別人的情感多過處理自己的情感，甚至如果有人一直待在身邊，他們可能會失去與自己的聯繫。相對應地，他們往往事後才會發現，對方的某個評語讓他們很受傷。當他們獨處時，或是身邊不存在任何可能的期待者時，他們最能感受到自己的情感。

過度配合的人不會對伴侶的情感、願望和期待設限，因為他們覺得自己對於關係的成功負有百分之百的責任。出於對遭拒根深蒂固的恐懼，他們犧牲掉了自己的需求。他們所缺乏的自尊心往往也包括了身體感受，他們幾乎不去感受自己，卻會逾越自己的身體界限；他們要不就是太瘦、要不就是太胖，要不就是從事極限運動、要不就完全不做任何運動，而且還會慨嘆對於性愛完全沒有任何興趣。就連在性愛方面，他們也會以伴侶的願望為自己的願望，這使得他們自己的快樂可能會被擱在一旁。在他們看來，性愛與其說是種享受，不如說是種責任。

有別於獲得解放的角色觀念，女性多處於弱勢的一方，而多數男性則處於強勢方，這其實是個公開的祕密。描寫虐戀關係的《格雷的五十道陰影》（*Fifty Shades of Grey*）一書會在全球大賣，很難有別的解釋。然而，過度配合的男性若是認為，自己在床上必須當個「聽話又溫柔」的情人，反而可能會剝奪掉他與她的快樂。相反地，過度配合的女性則不敢去告訴男伴關於她的古老慾望。於是這兩者都在床上做些他們認為自己被期待的事，所有的興致也就這麼睡著了。

無感當然也與對負面情感的恐懼有關；無論我們是否過度配合，都會害怕那些負面情感，都會害怕某些可能會突然闖入生命中的命運打擊。事實上，災難事件本身並未如這些事件所可能引起的感受那麼令人恐懼和驚嚇。如果沒有諸如恐懼、哀傷、羞愧或無助等情感，或許我們也會以極為冷漠的態度去面對那些災難性的事件；因為，一旦沒有了相應情感，這些事件就會變得無關緊要。

許多人會在不知不覺中，也有可能是刻意的訓練這種冷漠，藉以不讓自己的人生過得太痛苦。他們聚焦於自己的理智，理性且神經大條的處事。然而，如此一來，他們卻也因此失去了活著的感覺，因為讓我們感覺到活著的，正是我們的情感。沒有它們，我們的內心就宛如死亡，這也刻畫出了憂鬱症患者深受其苦的內心空虛狀態的特徵。

如果你過於強烈壓抑自己的情感，在療癒的第一步中，你應當把注意力擺在自己身上。你應當仔細地感受一下，你在身體與心理方面有何感覺。不妨每天多次為自己喊個暫停，問問自己：現在過得如何、內心有何感受？在寶貝策略〈感受你自己〉那一節裡，你將獲得更多如何自助的建議。

◐ 追求和諧

強烈追求和諧的人多半具有溫和且愛好和平的性格。受到遺傳因素所影響，他們的行為舉止會偏向於配合他人，多數屬於內向的個性。如果再遇上困難的童年成長環境，對於和諧的愛好可能就會演變成沒有衝突能力。

過度配合的人難以對他人的願望和期待設限，因此他們往往心口不一地答應別人。在關係中，他們老是會感到不夠安全，以致不敢發動爭執，以免對關係造成負擔。他們心中的陰鬱小孩深信，自己是不夠格的，所以必須非常努力，才能博得他人的好感。強烈需要和諧的人，經常在不會引發較大分歧的情況裡，陷入可能發生衝突的幻想中。他們對於遭拒的強烈恐懼，導致在與他人的交往中顯得極度謹慎，簡直可說是踮著腳尖走著人生道路，戴著絲絨手套與他人交手。

然而，他們無法完全否定自己的需求，長期以往必然會造成問題的發生。因為在伴侶關係中，這些畏懼衝突的伴侶遲早會醒悟，認為待在這樣的關係中實在太糟了。過度配合的人往往不敢為自己的願望喉舌，他們會期待伴侶能夠自行看出並實現他們的願望。「萬一」事與願違，他們就會十分傷心。或者，他們確實說了些什麼，但伴侶卻沒有立即附和，他們就會封閉自己。

對於他們的陰鬱小孩來說，這又再度證實了他們的信條：「我並不重要」、「我毫無價值」、「我的意見不算數」等等，陰鬱小孩長久以來一直覺得自己處於弱勢。從這個角度看來，伴侶（以及其他的人）很快就會變形成敵人，伴侶會被投射某種在多數情況下他們根本並未實行的，或由關係動態產生出的強勢地位，舉例來說，在做決定的過程中，如果其中一個伴侶非常被動，另一個伴侶幾乎無可避免地就會扮演主動的角色。

強烈需要和諧的人所面臨的問題是，他們不敢為自己的需求負責。他們會把對於自己的人生所負有的責任委託給別人，簡直可以說是一起過著他人的人生。相較於積極主動的經營人生，他們寧可讓人生順其自然。對於安全的高度需求，讓他們幾乎只採取守勢，就連職業選擇，往往也是取決於高度的安全動機和／或父母的願望。他們的內在小孩不敢走自己的路，因此被困在對於父母和／或伴侶的依賴裡。強烈需要和諧的人，可能會因為純粹的對於分離與遭到拋棄的恐懼，長期陷於讓他們非常非常不幸的伴侶關係中。在許多案例中，這些人會致力於改變他們那些「失調」的伴侶，又或者，他們會理想化地消弭伴侶顯而易見的那些缺點，並把事情全都歸咎到自己身上。在這當中，如果能夠去處理自己的依賴問題、能夠培養更多的自主能力，這會對他們非常有益。

如果你也算是強烈需要和諧的人，那麼請你明白：如果伴侶知道你的心裡在想什麼，你想要的又是什麼，這往往會更加公平。如果你總是隱藏住自己的願望，伴侶幾乎沒有可以回應你的機會。

請切勿期待伴侶可以解讀你的心思。勇敢走出掩護，自己去為自己負責，這是非常重要的。請你總是謹記：如今你已長大成人，而你的伴侶也並非你的爸爸或媽媽！在後頭的寶貝策略〈扛起責任、接受事實〉、〈決定與行動〉、〈討論與辯論〉及〈學著說「不」〉等幾節裡，我還會再告訴你更多能夠幫助你的具體方法。

◐ 太過乖巧的男人

女性喜歡強悍的男性，過度配合的男性對她們來說不具吸引力。男性表現出男子氣概，包括在床上，都是很重要的。當男性能夠主張自己的想法、能為自己的想法辯護，當男性知道自己想要的及不想要的是什麼，當男性可以設定目標、排除成功之路上的阻礙，都會被認為是有男子氣概的。當男性引誘女性，不會因為女性表達沒有興趣就立刻停止，而會稍微再繼續努力一下，也會被認為這樣是具有男子氣概的表現。簡言之，所有我在〈運用在自主方面的寶貝策略〉章節裡所提及的自主能力，全都是具有男子氣概的；但這並不代表，它們對於女性來說沒有那麼重要。

過度配合的女性符合女性角色樣版的程度會遠高於（無論人們覺得這是好是壞）一位過於配合的男性符合男性角色樣版。也就是說，身邊有位過度配合的女性這位男士，肯定會覺得這位女性很棒，甚至出於自卑情結，而選擇了她當作伴侶。一位缺乏魄力、把經營關係和多半人生責任都推給女性、過度配合的男性，對於女性來說幾乎不可能有什麼吸引力。女性尋找強悍的男性，這或許是我們的遺傳基本設定。

未能在幼年時期正面認同男性角色樣版的男性，往往會壓抑自己身上具有男子氣概的那一面。這些男性多半有個過於強勢且霸道的父親，以致身為兒子的他們暗中發誓，絕對不要成為像父親一樣的人。不過，卻也有某些母親為了讓兒子與自己站在同一戰線，會藉由對兒子控訴父親的惡形惡狀，把他們操作成反父親聯盟的一員。於是這些年輕男性學到了：男性是惡劣的，他們傷害女性。這會導致某種對於女性特質的過份認同。除此之外，母親和／或父親在兒子幼年時就已要求兒子在行為上極度配合，而且兒子在發展過程中也從來未敢擺脫這種印記，這當然也會促進過度配合。

然而，我們也不能把「有男子氣概」與「不妥協」、「霸道」或「頑固」相互混淆。無論如何，一位有男子氣概的男性完全可以感受自己的情感（包括弱勢情感）、可以談論自己的情感。他可以放棄、可以妥協，也可以親切、溫柔，這些都是屬於結合與配合這一邊的特質，對於關係能力來說是不可或缺的。讓一位男性變得具有男子氣概的是他「額外」良好地發展了自己的自主能力。也就是說，他可以對人設限、可以貫徹自己的意志，而且在性方面充滿自信。相反地，如果一位男性為了有利於自主而導致內在失衡，那麼他也只能說是「偽自主」。這意味著，他是頑固、執拗、沒什麼同情心、以自我為中心，包括對結合感到焦慮的男性及所謂的「大男人」，都會表現出這些特質；關於這兩者，我在後頭還會再做更詳細的說明。

是以，如果你是男性，那麼請你思考一下這個問題：你的男性面向，即你的自主能力，是否發展得夠好；倘若答案是否定的話，原因到底是什麼？請你讓自己明白，女性並不想要哈巴狗。具有男子氣概代表著，你為你自己和你的願望及需求負起責任，而且你能夠捍衛這一切；但這並不代表，你就不能夠妥協、不能夠放棄。當你勇於說出自己的想法、偶爾勇於反駁對方、勇於捍衛自己的需求，女性伴侶不會因此就離開你。但當女性伴侶感覺到，你實在太過卑躬屈膝，她反倒比較可能離開你。因為，她會失去對你的尊敬。

在男性方面，對於性無能的恐懼是個很大的問題。曾經有位男性顧客告訴我：「插入式性交對於男性來說簡直是地獄！」特別是在這方面，男性必須展現「雄風」，性無能就無法被遮掩（女性也是一樣）。然而，到底為何男性無法勃起就叫「無能」呢？光是在語言上就已是種歧視。同樣的事情發生在女性身上，則是被說成她們「沒有『性』趣」，聽起來遠遠沒有那麼具有威脅性。

「性無能」是個只適用於男性的概念。男性的勃起功能障礙，正如早洩，幾乎總能歸因對於無能的恐懼。這些男性不相信自己能夠滿足女性，害怕自己不能滿足她們的期待。除此以外，婦女透過性交達到高潮的迷思，也在這當中摻和了一腳。如果她們達到高潮，那無非只是因為陰蒂一起受到了刺激。事實上，並不存在純粹的陰道高潮，即使一再有人（包括女性在內）宣稱確有其事。就這點來說，光是「有比插入更能滿足女性的方法」這項認識，就能給予男性很大的幫助。

男性可以藉由強化自己的自主能力，來面對對於性無能的恐懼。所有能夠幫助男性增強獨立性與骨氣的事情，同樣也能強化他們的性能力，因為他們能藉此獲得更多的自信心。更多的自信心也會讓他們給予女性更多的信賴，換言之，他們也會更強化自己的結合能力。因為，一個人若是越強烈地感覺到，自己能夠以健康的方式對他人設限，他就越容易與他人結合，因為，如此一來，他將不必再冒著會在結合中失去自我的風險。就連對於失去的恐懼（它往往是我們無法與他人緊密結合的一個原因），也會被獲得改善的自主能力給降低，如此他們將不再覺得自己那麼依賴伴侶，從而更容易去克服想像出的損失。至於男性和女性如何強化自主能力，我將留待〈運用在自主方面的寶貝策略〉那一節裡再做詳細的說明。

◐ 太過依賴的女人

在以下的段落中，我將探究一個並非只有女性會發生、但多半發生在女性身上的問題。某些女性會過度配合他人，或者說，她們培養出相當低度的自主能力，以致她們幾乎什麼事情都會答應別人。她們屈從於不會善待她們、甚或會虐待她們的男性伴侶的依賴關係中。為何無法擺脫這樣的糾葛呢？孩子經常是被拿來當作困在伴侶關係中的託辭。事實上，許多案例顯示，如果父母離異，孩子反倒會過得比較好。離婚相關的研究清楚表明，比起長期爭吵，甚至婚姻暴力，孩子其實更經受得起父母離異。

依賴的女性（和男性）自我力量微薄，無法形成獨立於伴侶的判斷。她們的陰鬱小孩深信，自己基本上完全不配擁有更好的。換言之，陰鬱小孩認同了「侵略者」，這代表著在她們的內心世界是選擇站在施虐伴侶的那一邊，即便當事人的成人自我明明曉得，自己必須和對方分手。她們的內在小孩對於孤獨有著巨大的恐懼，始終不厭其煩地盼望著有個快樂結局。

在依賴的女性身上，薄弱的自主能力證明了「沒有男人，我會活不下去」的幻象。特別是那些看起來非常自主且往往從一開始就發送出矛盾信號的男性，尤其會強烈觸發這類女性的結合程式。其中的原因或許在於，她們想要爭取的正是這種類型的男性；她們正是想要贏得對於這類男性的控制。在這當中，不少是涉及到重演童年時從父親／母親那裡所受到的舊創傷。

從此脈絡來看，心理學將這種情況稱為**強迫性重複**（repetition compulsion），這當中隱藏著「為自己的故事找個快樂結局」這種無意識的願望。換言之，她們在不知不覺中將悲劇性的父母人物投射到自己伴侶的身上，期盼這一回能夠有個好結果。強迫性重複當然不是只有女性會發生，事實上，男性也可能會以某種悲劇性的方式與目前伴侶連結，並重新演繹與父親或母親的關係。順道一提，在我從事治療師工作的過程中，我發現到，與「我們自己的伴侶關係會特別強烈地受到我們與異性的父母一方的關係所影響」這種普遍的看法，不管是父親或母親對我們造成較多的影響，事實上都沒有那麼重要。舉例來說，在我執業的過程中，女性在伴侶關係中重複與母親的關係，男性在伴侶關係中重複與父親的關係，這類案例同樣屢見不鮮。

如果你想擺脫一段不幸福的關係，那麼首先所要做的就是**停止理想化你的伴侶**，取而代之的是你應該對伴侶有個切合實際的認識。你可以藉由解除投射、強化自主，將至今為止耗費在伴侶身上的所有精力轉向你自己。後頭的〈療癒〉部分將提供你更多相關的協助。

◐幫助者症候群

患有所謂「幫助者症候群」的人，會力求藉由善行來鞏固自己受損的自我價值感。他們所遵循座右銘就是：藉由幫助他人，我就能夠有點價值。這種想法經常也會夾雜著對表面上需要幫助的人所產生的優越感。如果所涉及到的是，幫助他人擺脫暫時的困境，或是加入某個慈善組織，這些幫助者確實能做出許多善行。因此，幫助者症候群可算是最為社會所接受的保護策略。

只不過，當事人與需要幫助的人結合成伴侶關係卻也屢見不鮮。精神不穩定的人、在職場上失意的人、面臨財務危機的人、成癮的人、需要被照護的人，統統都是適合的人選。幫助者會幻想著，自己可以充當「白馬騎士」，拯救伴侶脫離苦海，如此一來，他們便能彰顯出自己對於對方無與倫比的重要性。然而，由於需要幫助的伴侶不假思索地拒絕為自己的困境負責，到頭來這可能會演變成一場痛苦的糾纏，依賴的形勢也可能就此反轉。

幫助者無法讓看似居於弱勢的伴侶在依賴下與自己結合，到了某個時刻，他們反而會發現自己其實很無助，因為一切努力都只是徒勞。此外，需要幫助的伴侶拒絕為自己的困境負責，這同樣會導致他們不太會去為伴侶關係負責。幫助者的伴侶多半都不會善待他們；這代表著，幫助者對於受到關注的渴望會長期得不到滿足。

儘管如此，幫助者卻難以脫離這樣的困境，因為他們心中的陰鬱小孩認為，伴侶未能改變全是自己的錯，他們會感到徒勞與可悲，因為他們的努力總是一再失敗。然而，幫助者卻不會承認失敗，黯然地離開「競技場」，反倒會下更大的功夫，期盼最終還是能夠控制局面。一直要到自己的健康狀況和／或財務狀況走到了危險邊緣，他們才能成功跳脫，但有時甚至還是無法跳脫。

如果幫助者想要改變自己的態度，就必須先明白，他們不能透過令人欽佩的善行由外解決自我價值問題，他們其實應該牽起心中那個不安的陰鬱小孩的手，消弭那些舊印記。至於該怎麼做，我將留待後頭〈療癒〉的部分再為你詳細說明。

◐ 追求完美

追求完美也是過度配合的人經常採取的保護策略。陰鬱小孩對於失去與失敗的巨大恐懼驅使他們，要做對一切、做到盡可能完美。隱藏在這種保護策略背後的願望就是，能夠達到無懈可擊的境地。陰鬱小孩深信：如果我不暴露出任何可被攻擊的施力點，就沒有人會傷害我，而且我也會被人所接受。

追求完美的人往往會超出自己的極限；他們無法真正察覺那些極限，因為他們的自我感覺早就喪失在過度配合中。這也預示著他們很容易陷於「倦怠」。所以，這種保護策略的問題就是，由於無法達到完美，因而當事人總是在追著對自己的要求跑。他們的評判空間非常小，不完美　不及格。他們不採取完美、非常好、好、及格等等的評分等級，至少不會在評判自己的成績時使用。無論如何，利用這種保護策略只能短暫地安慰一下陰鬱小孩。因為，一旦他們歡欣鼓舞地捧起一座獎盃，他們就得再度設法把下一座獎盃弄到手。

追求完美的人會耗費掉許多時間在成就自己的要求上，這往往會對伴侶關係造成負擔，伴侶可能會分配不到時間。為數不少的完美主義者同時也是逃避伴侶關係的工作狂，害怕親密的人會藉此來為自己製造所需的安全距離（參閱〈逃離與避免〉）。

追求完美的人內心會有個十分不安的陰鬱小孩。他們之中有些人利用自己的成功壓抑了心中的陰鬱小孩，以致他們從未察覺到這一點。如果他們偏向配合且追求結合，這時對於完美的追求主要就是針對自己，特別是當他們理想化了伴侶。這意味著，他們同樣也想在伴侶關係中做對的一切，希望自己能夠當個理想的伴侶。然而，如果他們偏向自主，他們不但會嚴格審視自己的缺點，同樣也會嚴格審視伴侶的缺點。在偏向自主下，伴侶即使有極其微小的缺點，也都會讓追求完美的人十分厭惡。伴侶必須和他們一樣為提升自我價值而做出相同的貢獻（參閱〈攻擊與抨擊〉及〈自戀的保護策略〉）。

我要再度提醒，有不少人其實是擺盪在配合與自主間，這得要看他們是處在怎樣的伴侶關係中，或是現正處在伴侶關係的哪個階段裡。

◐責任讓與以及繼續當個小孩

過度配合的人會踩著搖搖晃晃的腳步走過自己的人生。他們渴望有個緊密結合的穩定依靠，脆弱的自信心是造成他們沒有安全感的重要原因之一。明顯壓抑自己的需求，使得他們並不曉得自己到底想要什麼、他們到底是什麼人。過度配合的人總會一再向看似更聰明、更強大的人尋求建議與保證，他們害怕為自己的人生負責，他們不信任自己。對於犯錯或做出錯誤決定的恐懼，阻礙了他們去做自己的事。萬一看似更為強大的他人替他們做了錯誤的決定，至少錯不在自己身上。

過度配合者伴侶往往會覺得，自己被他們的需求壓得喘不過氣。如果某人（就連一些無關緊要的決定）總是需要保證或支持，長期下來這會是件很累人的事。缺乏獨立性的伴侶會導致較為自主的伴侶必須承擔越來越多共同生活領域的責任，這種情況下，過度配合的人心中會感到自己受到宰制與壓迫。如果仔細觀察，這樣的指責其實不盡公平。被人宰制的感覺，即使不是全部，也有很大一部分是咎由自取，那是因為自願屈從於看似較為強大的人。然而，在過度配合的人眼裡，弱者未能把他們的人生掌握在自己手裡，這也還得歸咎於那些強者。

在內心繼續當個小孩的人，往往不太能夠負擔重責大任；一點芝麻綠豆大的小事或許就會在他們身上引發巨大的恐懼。伴侶總會被要求去照顧他們、安慰他們、鼓勵他們。在這當中，需要幫助的人往往會告訴伴侶，他們做得不夠。過度配合者心中的陰鬱小孩經常會受到像「我不夠好」、「我並不重要」、「我低人一等」之類的信條所影響；這些信條會迷惑他們，讓他們誤以為，伴侶讓他們沮喪。不知怎的，伴侶永遠無法做得足夠，因而進一步喚醒他們心中那個寧可逃避的陰鬱小孩，這當然又會強化了這種態勢。當看似較強的伴侶深為（主動的）結合恐懼所苦，這種逃避衝動會特別強烈。

至於你如何才能放開伴侶／父母的手，我將留待〈療癒〉的部分再告訴你。

◐ 哀求與依附

與上述的保護策略相去不遠的另一項保護策略就是「哀求與依附」。表面上依賴的伴侶緊追著表面上獨立的伴侶。依賴的伴侶越是這麼做，獨立的伴侶越會感覺受到拘束，從而越容易想要逃開。這種不幸的態勢我已在〈自卑與優越〉和〈害怕失去讓人感到刺激，安全無虞令人覺得無聊〉這兩章中講述過。

一旦關係在親疏層面上失去平衡，其中一位伴侶就會越來越增加對於親密的尋求，另一位伴侶則會反其道而行。在這種情況下，尋求親密的一方其不安感會漸漸加重，並且在心理上失衡，他們對於失去有著巨大的恐懼，在大多數的情況下，這會引發強烈的依附衝動。他們會竭盡自己所能地嘗試重新取得對於局勢的控制。他們會強烈地感到依賴，幾乎可說是沉迷於他們的伴侶或目標對象。然而，他們越是感到依賴、越是讓自己變得依賴，他們的伴侶卻會感到越是安全與獨立。在關係的這個階段裡，他們往往會去思索，自己到底想不想要這位伴侶，或者，對方究竟是不是正確的對象。看似較為自主的伴侶會喪失愛與快樂的感覺，這會讓依賴的一方更加陷於絕望。然而，變得極度不安的伴侶卻不放手（但放手或許才是最聰明的決定），反倒會變本加厲地哀求與依附，直到自主的一方在完全精神崩潰與心灰意冷下結束這一段關係。

其實事情並不一定會如上述那般戲劇性地發展與結束。事實上，也有某些婚姻或長期關係是在一個穩定的水平上顯露出親疏問題，它們的存續可謂是「至死方休」。主角之一會隱藏在無數的疏離手段背後，他們會躲入例如工作、嗜好和／或外遇中，至於另一位主角則會孜孜不倦地要求更多的親密與關注。誠如前已多次提及的那樣，誰追著誰跑這種角色分配同樣會在一個關係中轉變，同時也存在著伴侶兩者都處於逃避模式的長期關係；換言之，雖然伴侶彼此不再有許多互動，但他們卻還是無法完全相互脫離。

◐ 購物、消費與成癮

如果陰鬱小孩渴望結合、親密與溫暖，但卻無法充分獲得這一切時，可能會導致陰鬱小孩借助某些替代品來安慰自己，例如酒精、尼古丁或其他藥物來平撫自己對於遭到遺棄的恐懼。

藥物可以幫助他們實現調節情緒的目的；它們要不就是抑制負面的感受，要不就是製造良好的感受。對於藥物與享樂品的消費，通常也會伴隨著某些有助於結合需求的社會活動。舉例來說，在酒吧裡所感受到的安全，便能營造出類似於身處母親子宮裡的效應。食物也能為我們帶來許多幸福感與安全感，人們往往喜歡利用它們來安慰自己未能獲得滿足的結合渴望，體重過重與暴食症（bulimia）則是可能招致的後果。相反地，厭食症（anorexia）則是一種應該劃歸於自主方面的飲食失調，這類當事人會在不知不覺中爭取自己的獨立與控制。

不過，一個人是否會成癮，同樣也會強烈受到社會環境與現有的供應所影響，因為並非每個感到缺乏愛與結合的人都會成癮。舉例來說，一九八〇年代有許多人抽菸，當時抽菸完全合乎社交禮儀，然而伴隨著過去十年來所發起的許多大規模的反菸運動，時至今日，香菸的消費量已經大舉下降，而且越來越少年輕人會去學抽菸。此外，就遺傳方面來說，某些人天生就是比較容易成癮，例如有些人代謝尼古丁的速度很快，有些人代謝尼古丁的速度卻很慢，相形之下，後者對於尼古丁的成癮潛能較低，他們要不從來不曾抽菸，要不就是終生都當個偶爾的抽菸者。就連在「酗酒」（alcoholism）方面，同樣也有證據顯示，這種病症多半會受到遺傳因素的影響。

購物同樣也是一種廣受歡迎用以抵禦內心孤獨的方法。當進到一間有著親切服務和款待的商店裡，我們就會覺得自己受到歡迎、為人所接受。此外，在購買某些能夠裝飾自己的美好商品時，許多人還會感到自我價值獲得提升。購物當然也是轉移對自己或對困境的注意力十分有效的方法之一。

如果你想戒癮，在我看來，有兩件事可謂是關鍵：

① 你不能夠認同對於癮的渴望，這代表著你必須站到觀察者視角去面對這種渴望，如同我已在〈我們的4D電影：從現場視角到觀察者視角〉那一章裡初步講述的那樣。在後頭的〈警覺與切換〉及〈練習：認知的三種立場〉這兩節裡，我還會再針對視角轉換做更詳細的說明。

②你需要一個清晰的目標，還有一種適合於此、你取而代之做了什麼的感覺。舉例來說，如果你想減肥，那麼你就需要一種不一樣的生活感受，你得要把它當成憧憬安裝在你的腦袋裡。你可以想像一下，自己是多麼地結實、靈活、輕盈，並且感受一下，這會讓你有什麼感覺。此外，你也可以想像你住在一個南海的小島上，只以魚類、蔬菜和水果為食。這樣的想像會讓你感到，這種飲食方式同樣也很吸引人。重要的是，你針對你的「餐飲舒適享受感」提出一種不一樣的憧憬，這種憧憬非常能夠吸引你、讓你感動。我要提醒你的是：促使我們去行動或阻止我們去行動的，主要就是情感，因此，特別是在「癮」方面，我們尤其得從這個層面去著手。

◐ 歇斯底里的保護策略

在現代心理學中，「歇斯底里」（hysteria）是個過時的概念；時至今日，人們改以「做作」（histrionic）稱之，這個用語大抵等於「裝腔作勢」的意思。不過，日常用語中「歇斯底里」一詞更常為人所使用，而且我覺得這個用語比較沒那麼索然無味，因此我允許自己繼續使用這個詞彙。佛里茲・李曼（Fritz Riemann）曾在他的經典名作《恐懼的原型》（*Die*

Grundformen der Angst）一書中區分了「歇斯底里」、「憂鬱」、「強迫」與「分裂」等性格類型；在相應的段落裡，我會再針對這些概念做更詳細的說明，屆時我也會一一探究，在伴侶關係中不同的性格類型分別面臨的特殊問題。

根據李曼所述，每個人身上都會有部分這些性格結構，而且大多數的人都會比較強烈傾向於這四種類型之一，換言之，可以歸類為四種原型之一。伴侶關係問題的編程會受到一個或多個性格特徵的強烈顯現所左右。

「歇斯底里」一詞是源自於希臘文 hysterikos，意思是「受子宮所折磨的」，因此歇斯底里長久以來一直只用在女性身上；然而，表現出歇斯底里行為的男性卻也所在多有。只不過，根據我的觀察，男性其實較常為男性形式的歇斯底里所苦，也就是所謂的「自戀」（narcissism）。關於這項主題，我將留待〈自戀的保護策略〉裡再做更詳細的說明。順道一提，自戀是種男性形式的歇斯底里，這是我自己的判斷，因此，據我所知，在任何心理學的教科書上都找不到這種說法。

具有歇斯底里性格結構的人有著什麼樣的特徵？由於性情使然，屬於歇斯底里型格的人是外向的。他們天生就好交游、擅交際，這也造就了一些正面的特質：他們喜歡娛樂、活潑、具有創造力、愛玩、愛表現；和他們在一起絕對不會無聊。不過，若是歇斯底里的部分過於強烈，卻也會造成伴侶關係的問題。當事人心中的陰鬱小孩會懷抱著像這樣的信條：「我不夠格！」、「我並不重要！」、「我不被看見！」、「沒人喜歡我！」等等。他們最大的恐懼就是，被人忽視、被人認為無關緊要。他們保護自我的方式受到外向性格所影響，會向外爭取關注，而不會像例如屬於憂鬱型格的人那樣退縮或封閉自己。我們可以把歇斯底里理解成一系列的保護策略，而這些策略全都旨在確保自己能夠獲得他人的關注、青睞和喜愛。

屬於歇斯底里型格的人會因為極為健談與長袖善舞而受人矚目。他們非常看重自己的外表，不僅非常時尚，而且還會穿著性感。屬於歇斯底里型的男性和女性通常都是誘惑的高手。對於他們來說，誘惑是確保他人認可與關注的重要手段，因此他們往往會傾向於濫交與不忠。

他們的情緒非常不穩定，深為心情波動所苦，所有情感都會非常強烈地去感受。強烈表現出這種性格特徵的人，他們的情緒狀態經常會擺盪在興奮地彷彿上天堂與沮喪地宛如下地獄之間。然而，他們卻也會比一般人更為焦慮，而且傾向於衝動和具有攻擊性，這點則得歸咎於他們的外向性。我們可以說，屬於歇斯底里型的人「超活潑」，這也是造就其魅力與吸引力的原因之一。

屬於歇斯底里的人簡直可說是對於刺激與興奮成癮。他們的生活必須熱鬧、有趣、多采多姿、變化萬千，否則很快就會感到刺激不足與無聊。在平靜中，他們的信條還有他們對於自己遭到他人拒絕或冷漠對待的深切恐懼，都會變得響亮起來。

歇斯底里型格的人可以很快地與他人混熟，以開放態度對待他人，對於初次見面的人，往往就能直言不諱地談起自己的私事。然而，他們互動的對象卻也往往會失望於，在歷經這些一時衝動的親密和友善後，在關係發展上就沒有下文了，或者所有的親密和友善根本是不可靠且沒有約束力。歇斯底里型格的人是「一時衝動」的大師，而非「約束力」的大師。一旦他們投入一段親密的伴侶關係，他們對失去與遭到拋棄就有強烈的恐懼，因為他們對於永恆的愛情與約束懷有巨大的渴望。

他們的歇斯底里保護策略目的就在於，確保他人的關注。就正面的意義而言，會藉由自己的健談、風趣和性感來達到這一點。然而，保護策略若是過分提高到負面層次，他們就會變成控制狂、高度地擺佈他人、強烈地要求他人，這也是導致伴侶很快就會想要敬而遠之的原因。

不過，當伴侶關係的日常陷於平靜無波，或是已經以某種方式完成了對伴侶的征服，他們也可能會主動終結關係。屬於歇斯底里型格的人會在愛情中陷入熱戀，喜歡陶醉在伴侶關係的初期。當他們墜入愛河時，會覺得自己最是生氣勃勃；對於認可的需求在關係的這個階段裡最能獲得滿足。這時他們簡直就像透過伴侶深情的雙眼見到自己，感覺非常良好。

「需索無度的公主」可說是在歇斯底里的伴侶關係中所形塑出的典型女性形象（男性方面當然也有這類情況，不過這點我將留待〈自戀的保護策略〉再做處理）。公主會要求遠比她們所付出的更多關注；不過她們卻並不這麼認為。基於信條，她們深信，自己長期受到了忽視。如果公主度過了相當不錯的一天，她們就會顯得宛如充飽了電；但在糟糕的日子裡，她們就會散發出滿滿的負面氣壓，情緒迅速傾斜，藉此操控周遭的人盡可能地服從，以安撫「女主人」的脾氣。

公主們十分專橫（她們應該知道這一點），如果她們覺得自己在某種形式下不夠被重視、覺得受傷，她們就會勃然大怒，甚至可能會演出駭人畫面。為了避免火山爆發，當公主們在受壓迫的伴侶身邊時，伴侶們往往只能如履薄冰、戰戰兢兢。他們會極度小心與殷勤地對待公主。就連悲鳴、哀求與控訴，也都是公主常演的戲碼。公主心中的陰鬱小孩會蠻橫地要求關注，但她們卻未察覺到，一切都只是圍繞著自己，卻幾乎未曾照顧到伴侶的需求。換言之，伴侶深為公主所害怕的缺乏關注所苦。如同經常可見的那樣，在心態上會有加害者與受害者角色異位的情況發生。儘管如此，我們還是應該看清在這些人心中所上演的戲碼；她們心中的陰鬱小孩非常努力地在爭取小時候很少體驗到的關注。

生病是歇斯底里操作的一種變形。公主常會罹患各種小毛病或某些必須認真對待的疾患，伴侶不僅必須留心，還要好好的照顧。基於公主喜歡裝模作樣，即使是微不足道的病痛，都可能被大肆渲染；在極端的情況下，她們甚至會去製造意外和／或裝病。

不過，卻也有某些伴侶，不僅不屈服於公主們的要求，甚至還會反抗。在這種形勢中，關係多半會擺盪在嚴重爭吵與短暫和好間。伴侶們要不就是到了某個時刻因精神崩潰而提出分手，要不就是在一場苦戰中為爭奪控制權而不斷奮鬥。在這種情況裡，他們被困在反射的自我價值感的制約中；也就是說，他們心中的陰鬱小孩會隨著女伴心情擺盪起舞。陰鬱小孩認為，女伴所做的指責不知何故似乎是有道理的。且容我提醒一下：當年幼的小孩挨父母的罵甚或打時，他們除了認為父母是對的、自己是錯的，根本別無他法。許多人都會在心中的陰鬱小孩活躍時困在這種制約中。像茱莉亞心中的陰鬱小孩就認為，自己必須做得更對、更好，才能確保羅伯的愛；至於公主的伴侶或是他們心中的陰鬱小孩則認為，自己有權透過正確的行為去馴服公主。在此必須指出的是，屬於歇斯底里型格的人具有非常強烈的性愛魅力，而且也會在性愛方面尋求心醉神迷的經驗。她們的伴侶可能會發展出對於性愛的癮，這種癮特別會在公主獨自決定何時發生或不發生性行為的形勢下升高。換言之，伴侶們沒有什麼控制權，而控制權的喪失則會令人感到刺激，誠如我在〈害怕失去讓人感到刺激，安全無膚令人覺得無聊〉那一章裡所指出。

在與歇斯底里型格的人相處中會產生一個特別的問題，那就是，歇斯底里的人幾乎無法承受批評。他們的保護策略全都旨在，避免個人遭到失敗或否定。即使再無害的批評，都會立刻被視為冒犯，對此他們通常都會以憤怒來回應。然而，一個人若是無法接受批評，他同樣也沒有能力經營伴侶關係，因為在這種情況下，伴侶將沒有機會一起形塑關係。他們必須屈從於歇斯底里型格者的支配，或是必須接受無法改善關係品質的激烈爭執。除了分手以外，壓力重重的伴侶別無出路。

然而，他們也有和藹可親的類型，有一種非常溫暖、具有獨特魅力的特質。此外，他們主張自己的權利並不會像「公主」那麼具有攻擊性。只不過，他們同樣也需要許多關注，會希望自己被喜愛、被讚賞。如同蠻橫的公主，他們同樣也會渴望藉由自己被伴侶或他人讚賞，來鞏固自我價值感。

歇斯底里型格的人可謂是聊天與表現自我的大師，他們很有辦法吸引觀眾或聽眾。他們並不是很在乎所講述故事的真實性，寧可說得天花亂墜，也不讓別人聽得哈欠連連，這是他們的原則。相反地，傾聽則非他們的強項。為了吸引別人的關注，他們把絕大多數的精力放在自己身上，相對地，他們不太會認真關注其他人；除非他們身為治療師或醫師，扮演著幫助者的角色，而這又會反過來讓他們覺得自己很重要。

和藹可親的歇斯底里女性作為伴侶總能持久，即使並非總是忠貞，只是她們同樣也會有情緒強烈波動的問題，同樣也需要能夠給予她們許多關注的伴侶。如同所有歇斯底里的人，她們也有衝動、暴怒的傾向；不過，和大多數衝動的人一樣，她們倒是不會耿耿於懷。比起蠻橫的公主，和藹可親的歇斯底里女性會給予伴侶較多的回饋。如果伴侶懂得對待她們，也就是說，以親切、關懷的態度去對待她們，尤其是不要過於嚴肅地看待她們衝動的爆氣，那麼伴侶就能和她們一起經營出一個充滿愛與活力的伴侶關係。

歇斯底里型格的人會把他們的世界幻想成自己所希望的那樣。他們討厭拘束與規範，他們認為某些規定適用於他人，但不適用於自己。他們難以去為自己的行為負責。歇斯底里型格的人就像年幼的小孩，他們認為如果自己把眼睛閉上，別人就看不見他們。屬於歇斯底里型格的人經常會笑看一大堆問題，因為他們並不願意面對現實。舉例來說，我的某位男性顧客曾經惹上一場大麻煩，因為他害怕接到帳單，居然有一整年的時間都沒去開信箱！

顯著歇斯底里型格的人通常都未能看清自己的性格。他們覺得自己的要求與情感都是合理且妥適，他們未能察覺，他們多麼經常且強烈地根據自己的願望去扭曲現實。他們的痛苦都是別人的錯，都該歸咎於他們看似無情、不夠善解人意的伴侶，或是該歸咎於這個世界和命運。

如果他們要跳脫自己的陰鬱小孩視角，首先就得認識到，自己是以陰鬱小孩模式在行事。如果能夠做到這一點，他們也就能從歇斯底里模式解放出來。自我認識是最重要的步驟，如此一來，他們就能在一個「基礎層次」上與自己的歇斯底里模式保持距離。順道一提，我在〈療癒〉的部分裡介紹的所有方法，都十分有助於此。

◐ 憂鬱的保護策略

有別於歇斯底里型格會主動爭取他們所需的關注，憂鬱型格的人則會藉由自己的乖巧、聽話被動地爭取關注。屬於憂鬱型格的人會過度配合，而且他們會非常努力地去滿足他人的期待。可以說，過度配合的人顯露出了一種憂鬱的個性風格，只不過這並不必然就代表著他們一定會發展出憂鬱症的病象。

就遺傳秉性來說，屬於憂鬱型格的人天生就是愛好和平與和諧，在相應的教養影響下，他們會被形塑成過度配合。熱心、和氣都是他們美好的一面，他們希望自己無論如何都能被愛，而且願意為此做出大量的付出與犧牲。他們很能設身處地為伴侶著想，甚至可以從伴侶的眼神中看出對方的願望。他們最原始的渴望就是消除你、我之間的界限；他們渴望融合。

一個心理健康、只是略微沾染憂鬱色彩的人具有很強的愛情能力，他會願意與自己的伴侶共同挺過最艱困的時期。本性屬於憂鬱的人，其內心會因偏向結合與配合而失衡。他們畏懼自主與做自己，其心中的陰鬱小孩深信，自己沒有真正成熟到可以獨自應付自己的人生。因此，屬於憂鬱型格的人會希望，最好自己能夠完全與伴侶拼在一起，一起去過伴侶的人生。相反地，獨立自主則會讓他們心生恐懼。

且容我提醒：過度配合的人會去壓抑他們自己的願望和情感，換言之，壓抑他們的自我，藉以讓一切盡可能完美地運行。在這當中，自己的意志、明確的目標、貫徹的能力等種種的自主能力，都被他們擱在一旁。也因此，過度配合的人很少培養什麼內心支撐，其結果就是，他們必須在外界，在與伴侶和／或父母的關係中，尋找自己的支撐。

過度配合父母期待的子女很難脫離父母，這是事物的本質使然。畢竟，脫離父母所需要的，正是他們未能學會的獨立自主。而獨立自主復又以自己的意志為前提，有了自己的意志，一個人才能做出自由的決定。屬於憂鬱型格的人會把自己的許多需求寄託在伴侶身上，希望伴侶能夠引領他們走過他們的人生。由於他們很少去感知自己的需求，而且很怕自己會犯錯，於是他們也把自己的決定權委託給伴侶或父母。換言之，他們難以為自己負責，這無可避免地會導致，他們會覺得自己處於受害者的角色。

恐懼可能會對伴侶造成負擔，尤其是以強烈的嫉妒表現失去伴侶的恐懼時。屬於憂鬱型格的人對於伴侶的高度依附也可能會導致伴侶對他們失去敬重，從而疏遠他們，而這又會進一步增強他們的依附衝動。

然而，伴侶為了陪在憂鬱型格的人身邊，也經常會緊縮自己對於自主生活與個人自由的需求。此外，屬於憂鬱型格的人與父母的緊密結合，往往也會對伴侶關係造成負擔。他們心中的陰鬱小孩對於原生家庭往往還處在一種依賴關係中，即使已經長大成人，還是會非常努力地去滿足父母的期待。如果父母需要照護，這種情況會變得特別困難。我認識不少屬於憂鬱型格的人，在長年辛苦地照顧父母下，完全犧牲了自己，其中一位是育有兩名子女的職業婦女，她每天都會為年邁的父母煮飯、打掃，雖然父親財力許可卻還是拒絕雇人來幫忙家務。這位女性顧客無法對她的父親設限，只好擔負起幫忙父親解決問題的責任。直到她出現倦怠症的傾向，前來尋求治療，她才能夠把照顧父母生活起居的負擔降低到健康的程度，將這方面的責任交還給父母。

憂鬱型格的另一個問題是他們低度的真實性，這是由於他們鮮少與自己的情感和需求進行接觸或畏懼衝突所造成的。因此，儘管他們一方面在親密的渴望上對伴侶提出了很大的要求，但另一方面卻又不捍衛自己所在乎的事情。其中一個重要的原因就是，他們並不曉得自己真正要的到底是什麼；相對來說，他們比較知道自己不要什麼。只不過，屬於憂鬱型格的人不會明說，而是期待伴侶能夠猜中他們的願望，如果伴侶做不到這一點，「我不被重視」的感覺就會在身上蔓延。他們會把這種情況歸咎於伴侶，有時會忍不住抱怨、發牢騷，但就是很難用一種適切的、成人的表達方式說出自己的要求和願望。這種情況下，越來越多冷卻的憤怒鬱積心中，並以暗示的方式表現出來，以致伴侶很容易忽略了這種情緒。伴侶多半不知道，在憂鬱型格的人眼中，彼此的關係究竟有多糟。

憂鬱型格的人及其完全被蒙在鼓裡的伴侶對於關係品質的評價，總是一再讓我跌破眼鏡，雙方存在著明顯的落差。憂鬱型格的人都已經準備好要「跳船」了，伴侶卻還認為彼此的關係維持得再好不過。憂鬱型格的人儘管在心理上一步步抽身，卻還是習慣性地讓關係在表面上繼續正常運作。

在伴侶關係的階段裡，憂鬱型格的人不排斥外遇或出軌，以藉此尋求伴侶（在他們看來伴侶是故意的）不給他們的關懷與重視。一般說來，唯有在找到新的伴侶後，他們才能成功地脫離原本的伴侶。他們十分不擅於獨處，當屬於憂鬱型格的人提出分手，或是洩露他們外遇的事實，伴侶往往會突然從天堂掉入地獄。

若是想要治癒具有憂鬱性格的陰鬱小孩，強化自主能力可說是絕對不可或缺。至於該怎麼做，我將留待〈療癒〉篇章再告訴你。

截至目前為止，你已認識了許多屬於「結合」那一邊的保護策略。你對自己是否已有一番新的認識？如果你還沒有這麼做的話，請你現在就把自己特別常用的策略寫在陰鬱小孩人形的腳部（不妨參閱封面內頁所附的範例）。

在下一節裡，我們要接著來看看屬於「自主」的保護策略。你很可能也會在這邊發現你經常使用的策略，儘管你認為自己比較屬於結合的類型。請你接著閱讀下去，並且把你所使用的策略同樣寫在陰鬱小孩人形的腳部。

三、運用在自主方面的自我保護

主要借助自主策略來保護陰鬱小孩的人，到了某個時刻會不知不覺地認為，孤獨對於他們來說是最安全的選項。正如偏向配合的陰鬱小孩往往過於容易相信別人，偏向自主的陰鬱小孩則是過於容易猜疑別人。有別於偏向配合的人會去理想化他人，偏向自主的人則會去懷疑他人，與伴侶需要保持一段安全距離，對待他人經常也是如此。有位當事人曾經告訴我：

「與他人保持一隻手臂的距離，才能更看清對方！」

有項非常感人的心理研究顯示，嬰兒在六週大的時候，會負起讓母親接受他們的責任。參與這項研究的母親都是在結合方面有障礙的人，她們和寶寶一起住在由社工監督的集體住宅，母親與寶寶之間的互動都有錄影存證。在分析的過程中可以看出，當母親看著寶寶時，他們會露出微笑，當母親望向別處時，他們則會顯露出僵硬、空洞的表情。換言之，在一個完全出於直覺的層面上，嬰兒感受到自己必須讓媽媽開心，就最真實的意義來說——**好讓自己能夠存活下來**。

同樣地，從受到創傷的寶寶身上也能發現到，如果寶寶被抱在懷裡，他們的身體會呈現僵硬的狀態，寶寶因為不太能夠從母親那裡感受到來自外界的支持，所以不相信自己能被守護，這意味著寶寶是自己支持著自己。換言之，如果一個孩子早在出生後的兩年裡就已學會強烈地迎合父母的需求，他不僅將不會相信自己會被無條件地喜愛和照顧，而且也將無法培養出他可以做自己所需的原始信任。在一個如此不安的基礎上，他無法發展出健康的自主。這個孩子所獲得的經驗是如此艱困與根深蒂固，因此他日後的發展要不就是困在對父母及日後與他相結合的人的依賴裡，要不就會不知不覺地下定決心，在自己餘生中避免任何依賴的情況，而且再也不與任何人親密到讓對方掌握傷害自己的權力。

不過，即使不是在如前述那麼具有戲劇性的條件下，同樣也可能發展出高度的自主動機，光是父母或母親對於孩子設下過多的規範和／或給予孩子過多的保護，其實就已足夠。難以放開子女的母親，就是一種典型。被父母過度保護的孩子雖然一定會感到備受疼愛，但家裡對他們來說卻也「過於受限」。偏向自主的陰鬱小孩可以說成是反叛者，他們十分倔強，反對任何形式的限制與剝奪自由。對於伴侶的期待與要求特別「感冒」，即使這些期待與要求完全合理，他們也會在不知不覺中把伴侶的期待與要求和父母的期待與要求相互混淆。

不過，在這裡，對於失去的恐懼同樣也在暗地裡扮演著一個重要的角色，因為過度配合雖然有助於促成結合，但過度配合卻也會令人產生對於失去自我的恐懼。具有反叛性格的陰鬱小孩正如渴望結合的陰鬱小孩的想法：**為了伴侶必須扭曲自己**。然而，在具有反叛性格的陰鬱小孩身上，這卻會引發他們的倔強，反而不肯去做他們被期待的那些事情。只是出於純粹對於失去的恐懼，卻也可能產生對於自主的強烈渴望。在被人拋棄之前，寧可自己先走一步，如此一來事情的發展至少是在自己的掌控之下。

總體來說，自主的保護策略所得出的結果就是，產生對於伴侶的距離與控制，其中所涉及到的是，避免無能為力、弱勢與羞愧。對於失去與失敗的恐懼，促使了當事人想要盡可能地獨立。在結合的那一邊，對於失去與失敗的恐懼，則是以相反的方式，促使當事人想要與某人更緊密地結合。換言之，其中一邊的人想要追求的是在結合中的安全感，至於另外一邊則想要追求在自主中的安全感。

◐ 猜疑與貶抑

具有反叛性格的陰鬱小孩不太能夠相信別人，他們會以猜疑的眼光去看待伴侶或他人，擔心自己被俘虜或控制。他們會藉由將控制權掌握在自己手上，以克服這樣的恐懼。為此，他們需要與人保持一段批判的距離。

在陰鬱小孩的高度猜疑下，不可能產生任何充滿信任的結合。猜疑可以保護他們免於失望。因此，這類當事人往往都會深信，自己總會被人拋棄。只不過，他們當中有許多人不會有意識地去感受到這一點；相反地，他們卻會去擔心，自己對於伴侶的感情可能不夠。許多偏向自主的人都會慨嘆，自己對於伴侶的感情日益消失，於是黯然提出分手。然而，這種愛意的失去其實只是冰山露出水面的山峰，換言之，僅僅只及於意識的層次。這種好感的失去只是疏遠程式的一部分；每當伴侶關係變得具有拘束力，這種程式便會啟動。

容我再度提醒一下，我們無可避免地會把自我形象投射到他人的腦袋裡，因此不難明白，一個對自己評價不高的人將不會去期待伴侶會得出截然不同的評價，除非他只將自己最好的一面示予伴侶。正是這種盡可能不呈現真實面貌的努力，導致偏向自主的人會覺得，固定的伴侶關係既累人又充滿限制，這也就是他們會誤以為自己只能在孤獨中享有真正自由的原因。或者，由於他們過於配合，以致根本再也感受不到自己的界限，一輩子都在參加「化妝舞會」；有些人到了某個臨界點會崩潰，罹患筋疲力竭的憂鬱症，也就是所謂的「倦怠症」。

有助於疏遠、從而有助於獲得個人的自由及優越感的，不僅只有對人的普遍不信任，還有對伴侶的嚴厲貶抑。貶抑與放大缺點是十分常見的疏遠技巧，誠如我在〈突然的感情死亡與其他的疏遠技巧〉裡說明的那樣。在這當中，整個過程多半都是在我們不知不覺中自動進行。只有極少數的當事人曉得，自己帶有批判性的疏遠，往往是由微小的自尊心受損或對於失去的恐懼所引發。由於事物的本質使然，在對伴侶的嚴厲貶抑背後，往往隱藏著自戀的動機，誠如我在〈愛意喪失的其他原因〉所指出的內容。自戀者老是會擔心被他人傷害、自己落入無能為力的劣勢，一如過去在原生家庭中所經歷過的片段。自戀者心中的陰鬱小孩會發誓，再也不要承受過去被父母或其中一方羞辱的經驗。基於未經反省的報復心態，如今換成他們要去羞辱其他人，特別是伴侶，藉此來抵禦自己的自卑感。

你要如何才能從疏離程式中解放出來，我將留待〈療癒〉章節再告訴你，其中特別重要的是〈運用在結合方面的寶貝策略〉。

◐ 愛意與快樂感的喪失

愛意與快樂感的喪失，是對於明顯過分的親密和占有極其常見的反應。由於當事人十分不擅於對內在與外在的設限，於是伴侶在他們眼中便會逐漸變形成敵人。他們會覺得自己被俘虜、被掌控，繼而扼殺他們對於愛情的感覺（參閱〈害怕失去讓人感到刺激，安全無虞令人覺得無聊〉與〈愛意喪失的其他原因〉兩章）。

◐ 追求控制與追求權力

能夠信任很好，能夠控制更好。這是反叛性格的陰鬱小孩所抱持的堅定信念。如前所述，由於他們無論如何都想避免被另一個人贏得控制的權力，因此他們會竭盡所能地讓自己掌握控制權。他們會多疑地牢牢盯住伴侶和他人，總是希望能夠充分知悉對方的各種盤算。

在嚴重的情況下，這可能會升高成病態性的嫉妒。不過，就算是在比較沒有那麼嚴重的情況下，伴侶關係也很有可能會毀在某個主角過高的控制需求下。

追求控制者心中的陰鬱小孩會保護自己免於個人的混亂與崩潰。他們會認為自己很容易遭攻擊，並因此受到傷害，即使他們把這樣的情感驅逐到一堵厚厚的保護牆之外。然而，控制狂並非只會把控制對準自己的周遭，事實上，他們也會把控制對準自己，他們會借助嚴謹的條理、完美主義和堅守慣例，去克服對於自己脆弱的恐懼。在升級的形式裡，這會演變成諸如「掌控狂」或「潔癖」等強制行為。

許多控制狂都會迫使自己接受某種近乎強迫的自律。就這點來說，追求控制的人與追求完美的人有一個很大的交集：每一卡熱量都要斤斤計較，衣服與房屋四周總要乾乾淨淨、整整齊齊，所有的活動都要按照嚴格的計畫來進行……。

權力是控制的姊妹。如同那些過度配合的陰鬱小孩，反叛性格的陰鬱小孩同樣也會將某種優勢甚或宰制投射到他人身上。只不過，具有反叛性格的陰鬱小孩不會以乖巧、聽話來表現，而會以反抗來面對這一切。借助自主保護策略的人會進行主動和／或被動的抵抗，以抵禦任何來自外部的干擾，或防衛任何（被認為是）對於他們個人的攻擊。其中的問題在於，他們經常會「用大砲打小鳥」，這是他們的陰鬱小孩視角的作用之一；出於這樣的視角，他們會把自己看得渺小，把對方看得巨大。在這種情況下，很容易便會產生認知扭曲。對方的一個無害的評論或一個微不足道的健忘，很容易被他們誤解為攻擊或藐視。畢竟，尊重是追求權力的人最喜歡的價值之一。他們心中的陰鬱小孩未能受到父母尊重地對待，造成他們內心深處有著深刻的傷口。對方的批評、漠視或任性，這些「小鹽粒」都會讓他們的傷口嚴重灼痛。

在我書寫這幾行字的同時，我不禁想到傳統的「大男人主義」。這是一種男性的樣板，所幸，這種情況至少在北歐與中歐已逐漸消退。大男人主義會對特別是施加在女性身上的權力喝采，這種心態往往會延續許多世代。是以，在許多案例中，當事人的父親本身是個「大男人」，或者以更文雅的方式來表述，是個「家父長」，兒子深為父親的威權所苦，父親向兒子演示了某種虛偽的強大，卻未曾表現給兒子看，如何才能妥善地應付諸如恐懼、悲傷、羞愧與無助等情感。這些弱勢情感被封鎖在兒子身上，剩下的就只有一個能夠允許諸如憤怒、攻擊性和歡愉等強勢情感的權力外殼。為了保持強勢，大男人必須壓迫他們的女伴（或他人），唯有處在強勢地位，他們才能感知自己的強大。強勢與弱勢是他們思考的維度，在他們的世界裡，並不存在任何伴侶之間的平等。

人們若想和一個權力欲望十分明顯的人相處，除了屈服或內心的撤退，別無他途。待在一個大男人身邊過活的女性，往往會藉由陽奉陰違來偷偷規避大男人的遊戲規則。相反地，公然反抗與主張自我，則會導致衝突的局勢升高。唯一能夠回復自由的辦法就是，與這樣的伴侶分手，除非伴侶願意反省自己的心態，進而加以改變。在權力欲強烈的人身上，「加害者與受害者異位」的情況特別明顯。過去被壓迫的人，如今成了壓迫別人的人，他們所要帶給對方的，正是自己過去不想感受的那種無力感。

◐ 逃離與避免

逃離與避免可算是極為常見且十分管用的自我保護策略。且容我再次提醒：所有的保護策略都可能是「適當的」解答。我們透過評估最終能夠獲勝的機會，來決定究竟是要與他人起衝突、還是要避免與他人起衝突。唯有當一項保護策略無法解決問題（至少就長期而言），反倒會引發問題，保護策略才會成為問題。就這點來說，長期逃避某種情況或某種行為，會讓問題本身越來越嚴重，甚至還會引發更多的問題。誠如心理學家所言，害怕恐懼便是這種「惡性循環」的例子之一：當一個人總是逃避恐懼，恐懼便會不斷地擴大。

具有明顯自主動機的人，會顯露出可滲透的內心界限。由於他們在幼年時期曾受過必須滿足父母或他人期待的訓練，因此很不擅於在人際接觸中維護自我。一旦遇上可能對他們有所期待的人，他們的配合程式便會啟動，在與他人的接觸中他們會失去自我，尤其是在親密的愛情關係中。他們寧可退回自己築起的高牆內，唯有如此他們才會允許自己去做想做的事。

在獨處的狀態下，他們也最能夠感受到，自己想要什麼、當下有何感受。不過，並非只有退回獨處的狀態，就連躲進各種活動中，同樣也是廣受歡迎的保護策略，藉以保護自己免於在伴侶關係中過度親密。

逃入工作、嗜好、網路或外遇之中，都是阻絕伴侶要求的有效方法。逃避不僅適合用來拯救自己免於伴侶的干預，同樣也適合用來轉移對於自己或自己內心困境的注意力。有數以百萬計的人，他們心中的陰鬱小孩深感壓力甚或絕望，這些人無法閒下來，因為只要一閒下來，他們的心裡就會油然生起強烈的自我懷疑和恐懼，而他們持續的不安與忙碌卻往往會惹惱旁人。

轉移注意力其實是非常健康地解決問題的手段。然而，如果轉移注意力未能解決問題，反倒製造出更多問題，這時就該直接去面對問題。因為，在採取逃避的方式下，大腦會一再接收到以下的信息：我一點也沒有機會把問題解決！我們越是持續地逃避某些事情，這樣的信息會越深刻地烙印在腦海裡。迴避行為和恐懼將會變得越來越強烈。相反地，如果我們著手去處理某個問題，設法找出解答，我們就會感到非常幸福、非常自豪。當下回再遇到類似的困難時，也就不會那麼害怕了。

在〈愛意喪失的其他原因〉那一章裡，我已談過所謂的「裝死反射」（在心理學的專業術語中，人們稱這種現象為「解離」）。這是逃避的一種特殊形式，也就是逃往內心。當事人往往早在幼年時就已習得這種保護策略，因為在嬰幼兒時期裡他們根本無法實行肉體的逃避。換言之，他們學會了在心裡關閉自己的情感，完全不與情感有所接觸。容易感到被伴侶的親密給淹沒的人，往往傾向於有這種反應。在這種情況下，伴侶通常也會感覺到，另一半根本完全心不在焉。如此一來，他們便會油然生起遭到遺棄的落寞；那是解離者心中的陰鬱小孩很早之前就曾經驗過的、深刻的落寞。就連在這裡，我們也能明顯看出，被某人所抵禦的那些具有負擔的情感，是如何近乎無可避免地被轉移到他人身上。

攻擊與抨擊是自古以來人們用來保衛生命與生活領域的首選，是對於侵犯個人界線最直接的回應，所涉及到的是自我與物種的維護。爭奪生活空間與資源的競爭是強大的動力來源，在友好的關係中（結合）或是在敵對的關係中共同生活，這是人類生活的基礎經驗。

在文明化的二十一世紀，問題就在被我們定義成侵犯界線與攻擊的那些事情。光是伴侶在同一空間或打電話來找人，反叛性格的陰鬱小孩都可能覺得自己的界線受到侵犯。他們很容易就會覺得，自己被那些要求所折磨（就算要求再合理不過）。根據秉性的不同，他們或許會選擇逃避、或許會選擇反擊，也可能在多種保護策略之間做轉換，端視實際情況與可做的選擇。

攻擊是陰鬱小孩回應恐懼的答案。藉由攻擊、侮辱、挑釁，以威脅對親密渴望的伴侶保持一定距離。或者，是對失去感到恐懼，於是便想要支配伴侶，藉以維護自己所要爭取的自主。非常霸道的男性或女性，會試圖藉由攻擊、抨擊和追求權力去主宰伴侶，好讓自己不會受傷。

然而，攻擊性卻也有可能會從過度的挫折與屈辱中產生。因此，如果伴侶一再拒絕他們在親密與結合的要求，本身偏愛和諧、偏向配合的陰鬱小孩也可能會發怒。到了某個時刻，所受的挫折與屈辱可能會導致憤怒強過他們對於衝突的畏懼。隨之而來的，可能是眼淚、口角以及對於伴侶的種種指責。在此我想提醒的是：在具有被動的結合恐懼的伴侶身上，那些緊緊依附著某個脫逃者的人會產生強烈的控制恐懼。因此，他們會爭奪自己的控制權，努力回復自己的自主。基於這個原因，當事涉「他們的人生」，當涉及到將心理矛盾的伴侶維持在伴侶關係中，就連極度配合的人，也可能採取完全屬於自主方面的保護策略。

◐ 築牆與拒絕對話

築牆、磨蹭、拖延、拒絕和破壞，都是「被動攻擊」或「設限攻擊」的典型變體。如果當事人覺得受傷，即使只是十分輕微，或者，如果當事人覺得自己受到伴侶的苛求，他們便會緊緊地把自己的內在和外在封閉起來。絕望的伴侶只能獨白，只能解釋、分析、戰鬥、吶喊、哭泣，只能衝撞沉默者或最少言論者所築起的牆。築起高牆的伴侶也有可能會做出承諾、同意改進，但之後卻沒有下文；又或者，他們會以折磨人的龜速將所承諾的改變付諸實現，致使無助的伴侶簡直就要精神崩潰。

在《伴侶關係如何成功－愛情的遊戲規則》（*Wie Partnerschaft gelingt - Spielregeln der Liebe*）一書裡，作者漢斯．耶魯謝克（Hans Jellouschek）區分了「實現攻擊」

（Durchsetzungsaggression）與「設限攻擊」（Abgrenzungsaggression）。實現攻擊是指是想要達成某個特定的目的，例如：「你也該把東西收拾收拾吧！」而設限攻擊所涉及的是保衛我們自己的界線，例如：「我的事情你別管！」可以說「實現攻擊」是主動的，「設限攻擊」則是被動的。在這當中，角色的分配經常是片面的，以致伴侶的其中之一總是在要求另一半所拒絕的事情。舉例來說，茱莉亞經常向羅伯要求更多的親密與約束，但羅伯卻拒絕這些要求。換言之，羅伯身上隱含著「設限攻擊」，茱莉亞則顯露出「實現攻擊」。然而，茱莉亞之所以如此強烈地要求，無非只是因為羅伯總是藉由自己的設限來對她保持距離。從外表看來，羅伯彷彿是兩者中較為平靜、較為穩重的一方，而茱莉亞則宛如所謂的「悍婦」。

不過，誠如蘇格拉底（Socrates）所娶的真悍婦詹西佩（Xanthippe），茱莉亞的要求完全是適切的，之所以會有「攻擊」的味道，無非只是因為羅伯一直在負隅頑抗。這種被動的抵制所蘊含的攻擊能量，至少與主動攻擊所蘊含的一樣多。辛苦照顧家庭和子女的悍婦詹西佩會煩躁，無非是無理取鬧，畢竟她的丈夫老是在外頭閒晃、老是在街上與人閒聊，卻不在家裡幫她的忙。

具有被動攻擊性的人，往往都是在幼年時期不被允許發怒。父母無法妥適地回應他們的憤怒情感，父母本身經常都是畏懼衝突、攻擊性受阻的人，以致他們給了子女一個拙劣的榜樣。有些家庭會系統性地掩蓋所有可能的衝突；然而，積聚的憤怒並無法永遠被壓抑，於是便以被動的方式開闢自己的出路。

被動攻擊性的人身上會蘊藏著大量的蔑視與冷卻的憤怒。由於畏懼衝突，他們會強烈迎合伴侶或他人的期待，壓抑自己的需求。雖然他們也會把這樣的窘境稍微歸咎於自己，但他們卻會把更多的責任歸咎於看似居於支配地位的對方。因此，對方會被他們用一種被動的封鎖態度來加以懲罰。看似配合的具有被動攻擊性的人，會自相矛盾地阻礙合作與破壞團結。如同羅伯，他們會錯誤地把自己視為受害者，他們認為自己過分屈就於伴侶的願望，這證明了他們的破壞行為實屬正當。這又再度涉及到了陰鬱小孩顯著的認知扭曲。出於對於遭拒的恐懼，被動攻擊性的人不僅不會表達出自己的心願，而且往往口是心非。他們不會平等地看待自己的伴侶，而會把伴侶視為強勢的一方。在絕大多數的情況裡，這都涉及到了把強勢的父親或母親投射到自己目前的伴侶身上。如同一個執拗的小孩，他們必須拒絕對方（父親或母親）的要求，才能維護自己的自主。陰鬱小孩不願服從，對於別人期待他們做的事，他們往往會反其道而行，或者，他們根本完全不為所動，只是固執地做著自己的事。在這樣的情況下，再一次，伴侶會產生執拗的陰鬱小孩自己不想感受到的那些情感，也就是無力與無助。

「被動攻擊的莽漢」是這種類型的原型；事實上，這種現象出現在男性身上的比例也的確高過女性，基於社會化的經驗，女性比較能夠去談論自己的情感和需求；相反地，莽漢則會顯露出某種未經反省的恐懼，他們會害怕自己被一個看似居於優勢地位的女性所支配，這就是為什麼，他們多半會封閉自己，只做著他們自己想做的事。別管我，這種想法如果不是他們的所有關係需求唯一的動機，也會是核心的動機。

在性方面的興趣缺缺或拒絕，也是被動攻擊的一種變形。由於當事人長期都覺得，自己必須滿足伴侶的期待，因此很容易會把性愛視為某種義務，這當然會扼殺性愛的吸引力。執拗的陰鬱小孩會認為：至少我的身體是屬於我自己，你無法連我的身體也得到！誠如我已在〈太過乖巧的男人〉說明過的，這背後往往也隱藏著對性方面失敗的恐懼。

◐智性化與理性化

遠離自己或伴侶情感的另一種策略就是智性化與理性化。「由於政治方面的原因，我無法和你在一起！」這是這種心態「幽默」的表現。與所有自主方面的保護策略一樣，採取這種保護策略的也是以男性多於女性。經常或幾乎只會停留在自己理智中的人，與自己的情感沒什麼接觸，因此他們在戀愛關係中難以做出明確的決定。他們之中有某些人會陷在關於愛情的本質及意義的理論探討，卻不直截了當地體驗愛情。智性化往往會流於與伴侶進行一些「莫名其妙」的辯論，到頭來，伴侶可能根本搞不清楚，另一半到底想要表達什麼。

這類當事人喜歡基於「純粹理性的理由」為彼此的關係劃下句點。舉例來說，他們會以年齡差距來做為彼此關係無法長久的原因，儘管他們早已和伴侶共度多年，彼此間年齡差距從來就未曾改變過。絕望的伴侶或許會狂抓自己的頭髮，他們（理所當然地）就是無法明白，為何「理智的人」會根據某些從一開始就已經知道的事實來結束彼此的關係！

就連在這種強烈理性的外表背後，同樣也隱藏著當事人對於失去與失敗的恐懼，只不過，他們往往能夠妥善地控制好自己的脆弱，以致於不會再感受到這類的恐懼。誠如我已在前面的內容中多次提過，許多男性會因他們所受的社會化，而難以應付諸如悲傷、無助、恐懼和羞愧等軟弱情感。取而代之，他們會走向攻擊性或是逃往理性。若是用在事實解答方面，這樣的理性肯定能夠為我們提供十分有益的答案，然而在愛情關係方面則否。當他們的伴侶透露個人問題時，男性會喜歡尋找快速的解決方案，這也是逃避個人情感的的原因之一。如果他們想要同情伴侶，他們就得與自己的情感有所接觸；但他們寧可避免諸如悲傷或恐懼等情感，以致他們只想盡快擺脫這類主題，這會讓伴侶覺得自己被打發、覺得自己不被理解。

對於軟弱情感的恐懼，也可能是男性比女性更拙於自我反省的原因之一。許多男性喜歡處理事實問題更勝於處理心理問題。有時他們看似是在處理心理經驗，實際上卻是以他們所習慣的智性與理論來處理這方面的問題，根本沒有接觸到自己的真實情感。不過，他們當中也有某些人希望自己能夠有更多的感受，只是不曉得到底該怎麼做。我建議這些人，不妨一天多次為自己喊個暫停，感受一下內心世界，問問自己：我現在有何感受？如果發現了些微的感覺，請不要習慣性地將它們推開，應該有意識地賦予它們一點空間。一個人若能給自己的情感多點關注，而非反射性地推開它們，往往會十分有益。為了不要忘記日常生活中的這種小小的正念訓練，我建議，不妨為自己準備一個手錶、戒指或手環，每當見到那個東西，就能提醒自己，為自己稍微喊個暫停。

◐ 自戀的保護策略

希臘神話傳說，美少年納西瑟斯（Narcissus）在平靜的湖面中見到了自己的倒影，他不禁愛上了自己；他的餘生全都陷於難以遏抑的自戀中。自戀者就是本於自我痴迷的態度，認為自己是重要且偉大的人。然而，展現自己的偉大與正確性，其實只是一種保護策略，是為了盡可能不去感受到心中那個受了傷的陰鬱小孩，因而在不知不覺中發展出來的。

根據我的觀察，歇斯底里的情況較常發生在女性身上，至於自戀則以男性居多。不過，歇斯底里與自戀在表現形式上卻有很大的交集。兩者當事人都盡可能地想獲得最大的認可，心中的陰鬱小孩都對遭到拒絕、批評或羞辱懷有極大的恐懼。

具有自戀型格的人很早就學會，藉由一個理想的第二自我，去壓抑他們心中那個自覺無用且悲哀的陰鬱小孩。自戀型格的人會竭盡所能地讓自己從平凡中脫穎而出，藉此來建構這個理想的自我。他們會付出令人難以置信的努力，藉以成為一個特別的人，因為陰鬱小孩的感受正好與此完全相反。為了控制住心中的陰鬱小孩，他們會去追求非凡的成就，追求權力、美好、成功、認可。因此自戀是由一連串的保護策略所構成。令人遺憾的是，其中也包括了貶抑他人。

具有自戀型格的人對於他人缺點有著極為敏銳的嗅覺，他們喜歡以尖酸刻薄的批評突顯他人的缺點。具有自戀型格的人無法承受自己的缺點，因此也無法承受他人的缺點。不過，藉由聚焦於他人的缺點，他們就能轉移對自己缺點的注意力。透過言語的批評，他們會在他人身上引發那些自己不想感受到的情感，也就是深度的不安與自卑。在具有自戀型格的人身上，加害者與受害者異位的情況特別明顯。

然而，某些具有自戀型格的人卻也會選擇相反的策略，藉以提升自己的價值：他們會去理想化與自己關係親近的人，例如吹捧伴侶、子女或朋友。但有不少具有自戀型格的人卻也會雙管齊下，既吹捧自己人、又貶抑他人。具有自戀型格的人先是理想化新的友誼或戀情，繼而卻又將它們貶得一文不值，這類情況其實也是屢見不鮮。

無論自戀型格的人是偏好理想化或貶抑，他們都喜歡吹噓自己的能力、財產和所屬企業。在吹噓時，他們不一定非得大張旗鼓、大聲嚷嚷，同樣也是有「低調的自戀者」，往往以某種巧妙的方式，來彰顯自己是具有優越性與獨特性的知識份子。

不過，具有自戀型格的人也有可愛的一面。他們可以是非常迷人、善良且風趣，甚至其中有些人帶有超凡的魅力。他們對於成功的追求，往往讓他們在事業上取得傲人的成就，甚至享有崇高的聲譽。為了成為一個特別的人所付出的努力，會為他們帶來豐碩的成果。這不僅會吸引其他的自戀者，也會吸引那些依賴性格的人。

倘若兩個主動的自戀者結合在一段伴侶關係中，這段關係多半會是由激情與相互傷害所構成的愛情雲霄飛車。相反地，如果自戀者的伴侶比較具有依賴性，這時他們多半會在沒有防衛意識下，讓自戀者的言語攻擊長驅直入，並且只能努力地滿足自戀者的期待。這是注定要失敗的結合，因為無論伴侶再怎麼「乖巧」，他們的行為完全無法改變自戀者的認知扭曲。

這種認知扭曲是產生於，一方面對於自己的缺點視而不見，另一方面卻又把伴侶那些微不足道的缺點無限放大。如果自戀的人陷於這種認知扭曲的狀態中，他們就會把自己的目光侷限在伴侶的缺點上，伴侶的優點則完全消失在他們的視野中。這些假想的缺點會讓自戀的人非常惱怒，因為對於他們而言，伴侶理應有益於他們提升自己的價值，所以伴侶也必須像他們一樣完美。

沒有一位伴侶有辦法反制自戀者這種放大缺點的行為。然而，具有依賴性的伴侶卻會認為，只要他們能夠變得更好、更美，自戀者就會感到滿意。這是陰鬱小孩的典型謬論，這種謬論不單只會發生在與明顯具有自戀性格的人的關係中。許多人都會傾向於概括承受所有批評，即使它們有多麼不公正、有多麼偏頗。由於自己內在的種種印記，他們基本上總會覺得自己是有罪過的、自己是不夠格的；即使當事人的成人自我早就知道，伴侶是個自戀型格的人，當自己總被對方所貶抑，那也不是自己的錯，情況還是會如此。他們心中的陰鬱小孩未能取得這樣的認知，他們依然被困在自卑感裡，而自卑感則會在自戀者的批評中受到強化。為了療癒自己，陰鬱小孩無論如何都想獲得自戀者的認可，於是陰鬱小孩就會更努力地想要討好自戀者。然而，自戀者卻依然故我。這種情況下，具有依賴性的伴侶會感覺到徒勞無功、無能為力，這又會進一步增強他們的依賴感——一種惡性循環。

強烈的虛榮心與權力欲，會讓顯著具有自戀型格的人變成不受歡迎的同事或上司。他們的「玻璃心」，換言之，他們的高度脆弱性，更增加與他們打交道的難度。局外人很難理解，為何明明無害的事情都能讓自戀者感到受傷；特別是因為他們的外表看起來總是自信滿滿，完全不會給人心理素質脆弱的印象。然而，當心中那個極度不安與悲哀的陰鬱小孩覺得受傷時，他們卻不會黯然退縮，反而會暴怒。憤怒與怨恨可算是具有自戀型格的人主要的情緒。不過，每當他們的成功策略觸礁，每當他們經歷一場個人的失敗，他們卻也可能落入明顯憂鬱的狀態。這時心中的陰鬱小孩會陷入深深的絕望中，因為此時他們深切地感受到自己的不足與拙劣。

為了保護陰鬱小孩，大人會試圖借助自己的舊策略再次取得成功。然而，有時痛苦的壓力是如此巨大，以致他們居然會選擇自殺，或是不得不求助於心理治療。在理想的情況下，他們會在心理治療中學會接受與安撫心中的陰鬱小孩，好讓陰鬱小孩明白，就算沒達成什麼特別了不起的事情，自己也能感到獲得理解、也能感到充滿價值。

順道一提，自戀其實是一種我們每個人都會採取的自我保護策略；差別只在於達到什麼樣的程度算是「自戀」。每個人都會在低微的程度上運用自戀的保護策略。我們都會希望自己能夠脫穎而出，有時為了達到這個目的會去貶抑他人，偶爾喜歡吹噓一下，沒有人能夠完全擺脫虛榮的想法。有時我們的目光也會侷限在他人的缺點上，當伴侶做了什麼令我們蒙羞的事，我們會感到羞愧。我們會試著盡可能不去感受到自己心中的陰鬱小孩，試著隱藏自己的缺點。相應地，對於遭到拒絕或批評，我們會感到受傷。

類似於歇斯底里，具有自戀型格的人同樣也難以認清自己的性格結構。然而，如果他們能夠做到這一點，他們就能找到擺脫這種程式的方法。重點在於，接受自己的缺點，安撫自己心中那個可憐的陰鬱小孩；如此一來，將不再總是需要外界的肯定，更沒有必要再去貶抑他人。如果你驚覺到自己就是個具有自戀型格的人，在〈療癒〉的部分裡，你會找到你所需要的一切。

◐ 強迫的保護策略

屬於強迫型格的人會追求高度的控制，希望自己能夠掌控一切。在幼年時期，因為父母施予了許多嚴格的規範，以致他們在自主發展上受到嚴重阻礙。他們非常深刻地將那些規範內化到自己心中的陰鬱小孩身上，最後這些規範演變成了他們對於善、惡、對、錯的想法。他們心中的陰鬱小孩充滿了自卑感與自我懷疑，這一切都得借助某些強迫行為來予以壓抑。

強迫型格是歇斯底里性格的對立面。如果說，具有強迫型格的人是把一大堆規範與限制匯聚於一身，那麼，歇斯底里型格的人就是討厭所有加諸在他們身上的規範與限制，他們會竭盡所能地去規避、取消它們。

屬於強迫型格的人會傾向於死板、吝嗇、墨守成規。他們不太信任自己以及自己所擁有的關係。為了保護自我，他們固守於自主的一端，他們的座右銘就是：「一個人最好只依靠自己！」以及「如果全世界都遵守我的規則，那就完全沒有問題！」

嚴格壓抑自己的需求，是他們為了這項保護策略所付出的高昂代價。對於他們來說，沒有什麼事情是可以一時衝動地率性而為的。人生不能夠輕易地享受，所有的行為都得受制於嚴格的安排和慣例。由於屬於強迫型格的人十分執著於按照計畫進行，他們往往不曉得，自己到底有著怎樣的心情。在情緒的層面上，這種強迫性的背後隱藏著對於失敗與失去的深深恐懼，希望借助固定的規則去掌控它們。

也就是說，強迫是對自己的人生（以及對他人）取得掌控的一種積極的形式。屬於強迫型格的人不僅會強迫自己，也會強迫他人。他們需要權力，在這樣的情況下，他們很容易就會變得不受歡迎，因為他人並不喜歡聽他們發號施令，他人會覺得自己被屬於強迫型格的人貶抑或教訓。

對於強迫型格的人來說，他們的規矩往往比個人所擁有的關係來得重要。如果伴侶不願遵守他們的規範與守則，只要還沒有結婚，伴侶關係就可能會告吹；只因為婚姻被視為某種負有義務的契約，不能夠被解除。如果在屬於強迫型格的人眼裡，自己子女的行為「不端」，他們也可能會斷絕與子女的往來。著名的人格專家萊納・薩克斯（Rainer Sachse）曾指出，具有強迫型格的人總是過得像傳教士那般嚴謹的生活，因為他們害怕有人會告訴他們，人生可以多麼地輕鬆、自在。他們不想陷入那些誘惑，所以要求周遭的人都得遵守他們的規矩。然而，他們卻會假借道德之名，宣稱希望追求一個更美好的世界，來包裝這種本質上是自私的規則設定。不願遵守強迫型格者所訂之規則的人，就會遭受貶抑，成為不道德、反社會的害蟲。

就正面的意義而言，我們可以將強迫評價成，做對一切與維護傳統的企圖。心理健康且只有輕微強迫傾向的人，是傳統與秩序的守護者；他們是舊風俗與禮儀的保護人，對於自己所做的一切都非常謹慎，外界可以百分之百地信賴他們。即使關係對他們不利，也還是會秉持忠心與耐心堅守著關係。對於不確定性與新事物的恐懼，是促成這種情況的原因之一，因此老朋友最能夠帶給他們安全感。

由於屬於強迫型格的人對於遵守規則與履行義務有著極高的需求，因此他們會對穩定結合猶豫不前。特別是在結婚前，會對自己的大膽嘗試及伴侶選擇強烈地感到懷疑。自己內心可能感覺到對於婚姻的強烈抗拒，儘管婚姻與他們傳統的價值觀相符。「婚約不可打破」的這種強迫的想法，助長了心中的抗拒。一旦簽下了一份契約，自己就不能夠反悔，這種想法特別適用於強迫型格的人。這種強迫的特徵越強，伴侶關係或婚姻就越容易趨於形式化；關係會變成永遠具有拘束力、帶有相互義務的契約。強迫型格的人把自己的人生獻給義務，因此他們可能會越來越怨恨自己不得不緊緊守住的婚姻伴侶。這可能會導致虐待的關係形式，在這種情況裡，強迫型格的人會努力地折磨讓他們感到自己受縛的伴侶。

愛情對於強迫型格的人來說是種威脅，尤其是當它化為激情與迷戀這些危險的形式。激情與迷戀是計畫與安排的反面，總讓強迫型格的人深感不安。因此，他們會試圖控制自己的情感。

情感是強迫型格者完全不想信賴的東西。更糟的是，由於他們一輩子都在訓練自己壓抑情感，所以他們並不特別熟悉自己的情感。正如對他人情感感到可疑，對自己的情感也是這般。強迫型格的人會用完全不恰當的事實評論，一舉扼殺浪漫的情境。一般說來，在愛情關係中，他們會非常精簡地處理情感的表達。

強迫性的思維是依據等級結構來構築。上／下、優勢／劣勢、有權／無權、勝／負，這些都是屬於強迫型格的思考分類。由於幼年時經歷過多軟弱無能的經驗，他們心中的陰鬱小孩發誓，再也不要落入像從前和爸爸或媽媽相處時那種弱小、無能的窘境。於是強迫型格的人會在伴侶關係中爭奪權力，非要取得控制權不可。伴侶基本上只有兩條路可走，要不就屈從於他們的規則、要不就跟他們分手。強迫型格者一方面竭盡全力避免自己屈居下風，另一方面則指望伴侶能夠服從。與他們進行針對關係的對話極為困難，因為就連在這方面都受到對於弱小與毀滅的恐懼所支配，這些恐懼會致使他們顯得十分獨斷與蠻橫，即使是對於那些只有些微強迫傾向的人來說，剛愎自用的獨斷態度也會讓他們頗為惱怒。

在與強迫型格者的關係中，缺乏自發性與真正的熱情是另一個問題。他們的伴侶往往會渴望更多充滿愛意的親密與共度的時光，強迫型格的人完全可以滿足這些要求，只不過為此他們卻得先做個確切的規劃。舉例來說，他們或許會決定，每個禮拜五晚間與伴侶一起做點什麼，他們會如同遵守其他計畫般遵守這項計畫，然而此舉卻在伴侶身上引發某種履行義務的感覺，這當然無法滿足伴侶對於更加親密的渴望。不過，強迫型格的人卻會對相應的指責十分惱火，畢竟在他們看來，自己的所作所為確實完全符合伴侶的願望。由於他們是根據規則來安排一切，因此缺乏了同理心與情緒的波動能力。他們拙於體會伴侶的需求，為此他們需要與自己的需求有更多的接觸。高度渴望結合的憂鬱型格的人，擁有太多同理心，反觀強迫型格的人卻相對缺乏，他們總是致力於設限與實現自己的利益。

在與強迫型格者間的伴侶關係中，如何處理金錢是個特別困難的挑戰。他們非常吝嗇，一項就長期來說屬於必要的添購，都可能演變成一場悲劇。堅持與維護的保護策略也會顯現在他們的過分節儉中，許多伴侶關係的衝突都是由財務問題觸發。同樣地，伴侶也可能會對強迫型格者的毫不妥協恨得咬牙切齒。

僅有些微強迫傾向的人很有經營伴侶關係的能力，作為伴侶也十分可靠，只是他們也對規則與計畫有著高度的需求，同樣不喜歡把事情託付給偶然，會嚴格監督自己的開支，非常小氣，其中更有不少人傾向於剛愎自用。伴侶大可放心地倚賴他們，但也必須同時留給他們許多發揮的空間，因為即便是僅有些微強迫傾向的人，也都喜歡決定事情的走向。

如果屬於強迫型格的人想要放鬆、放手，他們就得去做那些正好令他們恐懼的事，也就是**放棄控制與信任**。他們心中的陰鬱小孩必須培養更多的結合能力，進而培養更多的自信。至於如何才能做到這一點，我將留待〈強化你的成人自我〉及〈運用在結合方面的寶貝策略〉再為你詳細說明。

◐ 分裂的保護策略

schizoid 一詞意即「分裂」；分裂型格的人會把自己的情感從思想中分裂開來。分裂的個性型格與憂鬱的個性型格相互對立。分裂的個性型格與「精神分裂症」（schizophrenia；現已改稱「思覺失調症」）完全無關，雖然這兩者聽起來很類似。如果說個性化與做自己會讓令人感到害怕，那麼憂鬱型格的人會在緊密的結合中追求安全感，而分裂型格的人就是害怕結合，唯一讓他們有安全感的就是孤獨。因此，分裂型格者會有非常明顯的動機，要與他人保持一段安全距離。

分裂型格者在童年時多半過得十分鬱悶，遭受拒絕與虐待扮演了重要的角色。此外，遺傳傾向也是因素之一；屬於分裂型格的人天生就具有高度理性的秉性。他們不是喜歡依偎在母親懷裡的孩子，當母親忽視他們的信號，反倒擁抱得遠比他們覺得舒適的程度還要多、還要緊，母親／父母滿溢的親密也可能導致子女發展出分裂的保護策略。

若要理解這樣的策略，就必須設身於嬰兒或幼兒的處境。在出生最初兩年裡，孩子只有非常稀少的自主能力。當他們遭到虐待或是被滿溢的親密所淹沒，他們唯一能夠保護自己的方法就是，完全退回到一個人的獨處狀況且封閉所有情感；這正是分裂的自我保護核心。

敏銳的頭腦與高度獨立的思維，都是屬於分裂型格者的優點，他們經常是思想先驅或社會改革者，這有部分得歸功於他們優秀的智能，以及不依賴他人的判斷。他們擅於獨處，不太需要與他人接觸和他人同意。由於分裂型格者在很大的程度上分裂自己的情感，因此他們也具有像電纜那麼粗的神經。在所有需要保持頭腦冷靜的職業中，他們都能表現優異。分裂型格的男性多於女性，因為有三分之二的男性是偏向於自主一端，從而更多是採取自主的保護策略。

低微的結合能力，是屬於分裂型格的人普遍存在的問題。他們難以信任他人，難以把自己交給他人。他們心中的陰鬱小孩深感不安，而且也不擅於劃界、設限，這也是為何他們會借助越來越嚴格的外在界線來保護自己。

在與他人保持距離的情況下，他們因此難以感受和評估他人在想些什麼，在與他人的接觸中經常自覺笨拙，他們會懷疑，能否相信自己的感知，或者許多事情可能只是自己所臆想出來的。舉例來說，如果有人對他們露出笑容，他們會無法確定，這個人的笑容究竟是代表著友善還是奚落。這種社交方面的缺陷會隨著時間經過變得越來越大，屬於分裂型格的人往往到了晚年都得面對孤獨。不過，某些分裂型格的人，卻會利用卓越的觀察能力，來彌補自己在社交方面的缺陷；這種能力很容易與高度的移情能力混為一談。

分裂型格的人往往給人冷酷且難以親近的印象。事實上，他們當中某些人還是極為平易近人的。對此，我們必須了解，在人際接觸中，他們是在某種功能模式下運作。他們會用一套為了社會互動所學會的行為方式，來彌補自己的深度不安。當他人發現到，分裂型格的人其實對他們蠻不在乎，正是這種光鮮的表面功夫，往往會在他人身上引發深深的沮喪。

由於分裂型格的人對於自己的這種表面功夫心知肚明，因此他們經常都會活在「露出馬腳」的恐懼中。有位當事人曾經告訴我，自己從很小的時候就已強烈地感受到自己的「另類」，為了避免惹人注目，他刻意模仿其他小孩的行為方式；「當其他的小孩在笑，我也會跟著笑。如果小孩們被允許在慶生會上選擇一個禮物，我也會跟著這麼做，就算我根本什麼也不想要……」當事人這麼說。直到今日，他依然十分擔心，自己或許會在什麼情況下「露餡」。

分裂型格者最希望能夠披上隱形斗蓬出門。待在沒有人認識、沒有人對他們有任何期待的地方，最是自在。他們是獨行俠，與喜歡糾眾的人完全相反。他們一點也不想在門鈴名牌上留下名字，如果居住的地方允許，他們確實就會這麼做。自主與自由是最大的動力，「我只想要我的清靜」正是他們的特點。由於他們沒有顯著的情感生活，也不太會形成痛苦壓力，他們的基本情緒受冷漠所主導，甚至不會特別眷戀人生。他們感覺自己更像個旁觀者，在一旁冷眼旁觀著他人的人生，而不親自參與人生。在我看來，所有的作家有超高比例是屬於分裂型格。卓越的觀察能力加上低度的個人人生參與，這樣的組合可以造就偉大的文學才能。

在他們的小說裡，這些作家撰寫了一個又一個替代的人生。

令人訝異的是，人們在膚淺的熟識中完全察覺不出這些人的無情與厭世。舉例來說，某位男性顧客十分活躍，他不僅熱衷政治與藝術，甚至也喜歡社交。他喜歡討論，結交許多朋友，甚至還搞了不少的外遇。如果人們不了解他，或許永遠也想不到，在表面的活躍與樂在生活背後，其實隱藏了某種深刻的分裂，他不會讓任何人進入他的實際感受。不過，倒也有不少分裂型格的人，會給周遭帶來有點格格不入的印象。那些只會玩電腦、幾乎完全不與外界接觸的「阿宅」，就是這方面典型的例子。

很明顯，分裂型格者最大的問題就是與人親密地接觸。他們頂多只能短暫地與人親密或親近。在這當中的某些人完全能夠墜入情網，但卻無法維持這樣的情感。他們的愛有很大的「死角」，在過了戀愛初期後多半就會消失殆盡。在那之後，頂多只有當與伴侶在空間上分開較長的一段時間，分裂型格者才能再度燃起愛意。

親密會對分裂型格者造成威脅，他們很容易因此喪失自我界線。由於在童年時期所遭遇過的創傷經驗，他們會把關係當成自己必須忍受、但卻無法共同形塑的物件封存起來。他們只能把愛想像成依賴、想像成任人擺佈。他們心中的陰鬱小孩對此深感無助與無奈。因此他們往往會以攻擊性來回應親密，藉由嚴厲的拒絕、冰冷的言語、突然的中斷接觸，伴侶在親密時刻過後再度被拒於千里之外。

可以稱之為「裝死反射」的「解離」，是分裂式疏離的另一種形式。分裂型格的人會像完全「斷線」，躲入自己的內心裡以逃避任何接觸，即使還在與對方說話，他們也會顯得就像關機一樣。換言之，他們消失在自己的內在，正如他們早在幼年時就已學會的那樣。這種解離會在伴侶身上留下令人痛苦的孤寂感，一般來說，伴侶會在彼此關係中深感孤獨，他們可謂是深受分裂型格者極力想要抵禦的那種孤寂所折磨。

某些分裂型格者會完全不想投入任何一段伴侶關係，長期保持單身，藉由嫖妓來滿足自己的性欲；但卻也有某些人願意投入婚姻。其中有不少人的動機是為了透過婚姻取得良好的社交偽裝，以便讓自己擺脫「結合障礙的怪咖」這樣的角色。只不過，這些人的婚姻會按照他們的規矩來形塑，這代表著，伴侶何時可以、何時不准接近他們，全由分裂型格者獨斷獨行。原則上，一旦關係變得固定、變得具有拘束性，即便是戀愛初期就已沒有特別強烈的感情（伴侶並不一定會察覺到這一點），甚至完全熄滅，而且不單只有感情，就連性欲也同樣會歸於停頓；至少就他們與伴侶的性行為而言。某些分裂型格的人還是可以與伴侶有性行為；然而，在性與情感分裂的情況下，伴侶會被視為純粹用來滿足其性欲的對象。由於分裂型格的人幾乎感覺不到對於伴侶的結合情感，因此他們非常容易外遇或出軌，而且做這些事情還不會感到良心不安。不過，也有不少人會根據自己的原則保持忠貞。

我們不禁要問，明顯屬於分裂型格的人究竟為何會與伴侶結合？這個問題的答案就是：作為人類生存的動力，對於結合的渴望仍未完全死去。分裂型格的人完全可能對於愛情與伴侶關係抱持著一份未曾熄滅的渴望，尤其是當他們沒有伴侶時。在伴侶關係中，另一半的親密舉動可能會對他們造成極大的威脅；他們之中卻也有不少人認為，孤獨或許是更糟的選項。對他們來說，最好的情況莫過於，伴侶盡可能別對他們提出關注的要求，盡可能給他們獨處的空間。在保持這樣的距離下，他們就會把伴侶視為某種溫暖的泉源，他們完全會對此懷抱感激之心。換言之，為了能與分裂型格的人好好相處，伴侶本身必須十分獨立、知足。伴侶必須在沒有任何要求下給予愛。關於這點，想當然爾沒有什麼人能夠辦得到。

當分裂型格的人對於自己能否被愛的深刻懷疑發展成對於伴侶的仇恨，這時他們的伴侶關係也會呈現十分暴虐的形式。伴侶的溫柔與關懷會被誤解、曲解和貶抑。舉例來說，如果伴侶一時興起向他們示好，分裂型格的人就會挖苦對方：「你是因為良心不安，還是不懷好意地花言巧語？」他們經常會用冷嘲熱諷澆熄伴侶的愛意。在最由衷的關懷時刻，會朝伴侶最脆弱的地方攻擊：「不要表現得那麼低三下四，你也該看看自己的樣子！」沒有任何伴侶能夠長期忍受這種攻擊性的封閉，除非伴侶是個受虐狂，基於對於失去的恐懼與罪惡感，伴侶必須逆來順受地接受一切，又或是他能在遭受折磨中感受到某種快樂。

分裂型格者若想變得更有能力去愛，他就必須把自己心中那個受創的陰鬱小孩擁在懷裡，並且一再地告訴他，如今他已長大，可以保護自己，特別是如今他已處在一個安全的狀態裡。至於如何才能做到，這就是〈強化你的成人自我〉及〈運用在結合方面的寶貝策略〉等章節所要告訴你的內容。

現在你已知道了許多關於自主方面的保護策略。你是否在某些地方認出了自己？如果你尚未這麼做，那就請你把常用的自主方面保護策略寫在陰鬱小孩人形的腳部（不妨參考一下封面內頁所附的範例）。

涉及育兒問題的典型衝突

許多衝突都與陰鬱小孩及其信條和保護策略有關。不過，有時伴侶關係卻也會因某些特殊的生活情況，像是升格為父母後陷於失衡的狀態。在這種情況下，對於伴侶來說，審視一下失衡的背景，找出造成衝突的上位問題，是很值得的。關於這些事情，這回我想借用珍妮（Janine）與丹尼斯（Dennis）的例子來做說明。

珍妮與丹尼斯結婚多年，育有兩名子女，大的現在五歲，小的四歲。如同我將在下一節裡更詳細地描述那樣，絕大多數的家務都落在珍妮的肩上，她覺得丹尼斯在這方面沒給自己多少支持。因此，就算有時丹尼斯對她提出一個完全無害的問題，例如：「寶貝，妳有沒有看到我的眼鏡？」，她都有可能怒氣沖沖地責罵丹尼斯一番。他們雙方在過去這段時間裡越來越常發生這樣的衝突，口氣也越來越辛辣、越來越狠毒。

如果丹尼斯和珍妮想要改變這種狀態，他們就得心平氣和地坐下來，花個幾分鐘的時間好好想一想，究竟事情的癥結是什麼？他們或許會發現，自從孩子出生之後，他們之間的關係就失去了平衡。珍妮是家中主要照顧者與供給者，丹尼斯對居家生活卻缺乏貢獻。珍妮合理認為，自己肩上扛了太多的責任；反之，丹尼斯的「施與受」帳戶卻呈現出嚴重赤字。看似無害的詢問──「眼鏡在哪」的問題，正好碰觸到了珍妮的痛處。總是得要照顧孩子們，讓她覺得自己已經受夠了，她不想要再照顧丹尼斯，在她看來，丹尼斯理當好好保管自己的個人用品。對於珍妮老是因為一些芝麻綠豆的小事對他發火，丹尼斯則感到很受傷。然而，若是他們兩人能夠明白造成衝突的癥結所在，他們就能為彼此找出一個新的相處之道。在以下的內容裡，我將為你介紹一些典型的衝突主題。

◐ 失去平等

珍妮與丹尼斯相識時，兩人都有各自的住處和自己想做的工作，也都各自能夠賺取足以維生的錢。他們喜歡自己的獨立性。約會時，日常生活離他們十分遙遠，彼此享受到很豐足的幸福感。一年之後，他們決定同居，又過了一年，他們結為連理。不久之後，第一個孩子出生，又過了一年，二寶出世。他們共同決定，珍妮在孩子們剛出生的這幾年先留在家裡帶小孩，丹尼斯則繼續出去工作以養家活口。

丹尼斯是一家大銀行的經理，收入不錯，但加班卻也是家常便飯。每當晚間下班回到家，他都累到只想一個人清靜清靜。家裡頭大大小小的事情幾乎全都由珍妮一力承擔，其中也包括了每天晚上為丹尼斯煮頓美味的晚餐。丹尼斯從來不會想在飯後幫忙收拾一下，用完餐後，他多半守在電視機前看著自己喜歡的節目，有時還會喝杯小酒，然後早早就寢。對於孩子們來說，珍妮幾乎是唯一的照顧者；他們感覺到，父親並沒有真的在照顧他們。雖然週末的時候全家人經常會一起做點什麼事，但這也只是突顯出丹尼斯是個「只會出現在休閒時間裡的老爸」這項事實。

在丹尼斯飛黃騰達的同時，珍妮卻覺得自己與職場的距離越來越遙遠。她的自我價值感下降，特別是在依賴丹尼斯餬口下，她覺得自己失去了對於丹尼斯的吸引力。他經常顯得性趣缺缺，她認為他所渴望的是過去那個獨立自主、沒有烹飪圍裙的珍妮。

她已多次把情況告知丹尼斯，並且向他提出一些更公平、更妥善的角色分配解決方案。在那些對話中，丹尼斯有時會顯得能夠充分理解，有時卻又會表現出頑抗的態度；無論如何，他的行為改變頂多只有三分鐘熱度。

從自主與結合的背景看來，丹尼斯與珍妮之間的平衡已經傾斜成：丹尼斯幾乎獨自代表了自主的一方，珍妮則是被困在結合的一方，深感依賴。在他們還沒有孩子時，雙方無論是在結合還是自主，都能夠發揮自己的影響力。

即使是非常前衛的夫妻，當他們成為父母時，也可能會退回古老的角色模式。我們從父母那裡學到的角色概念，會在我們身上留下深刻的痕跡。即使我們選擇不像父母那樣，我們往往還是會驚訝地發現，我們的行為模式其實與他們非常相似，頂多就是我們母親或父親的二・〇版。

如果不想落入窠臼，首先就得知道我們所受的種種印記。唯有如此，才能覺醒地決定拋開這些印記，發展出屬於我們自己對於家居生活的想法、發展出我們自己對於職場和家庭的工作分配與責任分配的想法。

當然，即使是根據傳統的角色模式，如果伴侶雙方在它的運作下都覺得舒適，他們未嘗不能因此獲得幸福。然而，由於許多女性都受過良好教育，在她們生小孩之前，不少人其實早已事業有成，在長期扮演全職媽媽的角色中，她們會覺得自己沒能適得其所。不僅如此，重返職場的困難重重，特別是對於女性學者來說（反過來，同樣的情況當然也適用於家庭主夫），更會強化這樣的感受。母親們可以繼續發展自己過去事業的那些職位，很少是半天的工作。儘管許多人對此發出不平之鳴，然而，至今為止，這在絕大多數的企業中卻完全沒有帶來任何改變。資格或門檻越高的工作，兼職的機會越小。

如果一位母親在當了幾個月或一年以上的全職媽媽後想要重返職場，要不就是她們的丈夫必須回家照顧小孩、要不就是她們得在週間把小孩託付給別人照顧。許多父母都不會考慮這兩條路。有可能是因為，如果丈夫收起自己的事業心成全太太，家裡或許就得蒙受收入減少的後果。也有可能是因為，夫妻兩人受不了讓才幾個月大的小孩一整天十幾個小時落在外人手上。許多身為父母的夫妻都會拒絕接受這種情況。他們希望能由自己親手撫育自己的後代，不想把子女的發展交到保母或保育員的手上。若是小孩因為發育的問題而特別需要關注，情況更是如此。

在婚姻諮詢中，許多年輕的父母都會抱怨，他們幾乎沒有在一起的空閒時間，因為，連同週末的每一天，全都被養家活口、照顧小孩與操持家務給佔滿了。有對前來向我諮詢的夫婦夢想著，有朝一日還能兩個人單獨出去散個步！他們對我解釋說，自己之所以能夠忍受這種「休閒禁欲」，無非只是因為他們所認識的其他夫妻情況也都是如此！

另一方面，我在一些案例中發現，為人父母的夫妻某一方，會有難以假手他人的問題。

我記得，有位媽媽不僅育有五名子女，她還有一間大房子和一座更大的花園要整理。她堅持不肯雇用任何人來幫忙處理家務或整理花園，儘管這並不會對他們家的財務狀況造成任何問題。她心中的陰鬱小孩始終抱持著這樣的信條：「絕對不要信賴任何人，你只能依靠你自己！」這樣的信念杯葛了所有理性的解答（一直要到她終於能夠消除自己根深蒂固的信條為止）。

不平等的權力分配與家庭裡片面的角色分配緊密相關。

◐ 不平等的權力分配

伴侶關係的失衡往往也與伴侶擁有怎樣的權力來源有關。職業、金錢、教育程度、與子女的關係、與朋友的關係、與家庭的關係等等，都是可能的權力來源。在剛開始的時候，珍妮與丹尼斯兩人都能旗鼓相當地分別取得這些資源。他們兩者各自擁有不相上下的工作，擁有足夠的金錢，也分別都與自己的朋友保持著來往。然而，隨著小孩的出生，這樣的狀態失去了平衡。

自主與權力可謂是一夥的，正如結合與依賴。在這樣的情況下，丹尼斯這邊的平衡朝著有利於自主的一方傾斜，他同時也擁有職業與金錢這些比較強勢的權力來源，因此他比珍妮獲得更多的認可，珍妮從而感到自卑與依賴。

相反地，珍妮所擁有的權力來源則是「與子女的關係」。在丹尼斯鮮少在家的情況下，他在家庭裡彷彿成了一個局外人。值得慶幸的是，珍妮是個會反省的人，她沒有趁機拉攏子女組成對抗丹尼斯的聯盟，藉以透過子女來報復丹尼斯。事實上，有不少母親會灌輸子女「父親是個壞蛋」的印象。珍妮努力地讓丹尼斯更加融入家庭生活中；成為家庭裡的邊緣人，這全得歸咎於丹尼斯自己。他心中的陰鬱小孩深受父親榜樣所影響，與子女在一起讓丹尼斯覺得尷尬、不知所措，所以他寧可躲入其他的活動中。他小時候與父親的關係不好，因此他也不太擅長與子女接觸。丹尼斯心中的陰鬱小孩羞於與孩子們做溫柔且充滿愛的接觸，儘管這其實是他所渴望的。

如果他想把自己與孩子們的關係以及與珍妮的關係帶往一個比較平衡的狀態，他就必須反思自己曾在原生家庭裡所受的那些影響，進而做出一些新的決定。然而，他卻沒有這麼做，反倒抗拒珍妮所提出的種種解決方案，因為他（無意識地）想要逃避唯一的家庭照顧者這樣的角色。在有意識的層面上，他總會一再指責珍妮，太少認可他對家庭的財務貢獻。這是一項會讓珍妮十分惱火的指責，因為這項指責一點也不正確；畢竟，每回他們針對彼此的關係進行對話，珍妮總是藉由讚許丹尼斯的這項貢獻來做開場。然而，當丹尼斯處於陰鬱小孩模式時，他就無法忍受一丁點的批評，而且會用不公平的反擊來防衛自己。於是，所有的對話便一次又一次淪為沒有營養、毫無建設性的爭執。有時丹尼斯也會乾脆對珍妮的抱怨照單全收，但事後卻依然故我。他心中的陰鬱小孩拒絕（除了財務方面）為他與妻子及兒女的關係負責；我們也因此來到了另一個常見的衝突主題，那就是：施與受的不公平分配。

◐施與受的不公平分配

伴侶關係若要成功，伴侶之間就必須在給予和接受上取得一個長久且穩定的平衡。特別是當伴侶分佔結合與自主兩極時，正如丹尼斯與珍妮的情況，或是前述羅伯與茱莉亞的例子，給予和接受之間的平衡多半也會被摧毀。

讓我們接著再以珍妮與丹尼斯的例子來做說明。所有維繫關係的工作幾乎都是由珍妮一人扛起，丹尼斯則是退居賺錢的角色。對於家庭幸福而言，賺錢固然是一項十分重要的貢獻，但這項貢獻卻是偏向抽象，因為它是拐了彎透過銀行戶頭來提供。相反地，在面對子女的需求下，在面對丹尼斯對她所提出的種種身體及情緒方面的期待下，珍妮始終扮演著給予者的角色。人生中確實會有某些階段無法避免這種給予和接受的失衡。然而，如果主要屬於接受的一方以一種特別尊敬的方式對待主要屬於給予的一方，這樣的失衡就能明顯獲得彌補。這不單可以用言語來表達，例如在沒有特殊原因的情況下，丹尼斯藉由送花、首飾或糖果等小禮物，一再對珍妮犧牲事業且盡心照顧兒女表示謝意，透過這樣的方式將感謝與尊敬的心意傳遞給對方。此外，主要接受的一方也應該扛起部分責任，來減輕主要給予一方的負擔。主要給予的一方會因為這樣的舉措，而感到自己的付出是被看到的，而且是被尊敬的。

另一方面，給予的一方也必須注意，不要過分視自己為受害者的角色，也別把接受的一方貶抑為加害者的角色。伴侶關係亂了套的原因，並非只是主要給予的一方覺得自己不夠被重視，主要屬於接受的一方產生了內疚感也會有同樣的結果。耐人尋味的是，這種內疚感不一定會讓接受的一方更加投入關係中，往往反倒會促使他們從關係中抽離。感到內疚的接受方陷入外遇關係裡，因為他們在這當中可以再次擁有一個「乾淨的」平衡，能夠再次感受到自己受到渴望，這種情況其實屢見不鮮。不過，覺得自己被利用、被輕視的給予一方，同樣容易受到第三者給予的關注所吸引，從而投入外遇關係中，或是期盼能有個更好的人生，以與「剝削者」道別。

我要再次提醒，男性往往會傾向於將過度呵護的母親印象投射到伴侶身上，這也是為何在某些情況下，男性會專注於設限與自主，誠如我在羅伯的例子裡所解釋過的那樣。於是，所有更多關注或承諾的要求，在他們眼裡就成了對於他們的選擇自由所做的干涉。

如果他們想要學著給予更多，首先得消除這種早已不合時宜的陰鬱小孩投射。不過，也有為數不少的女性是像傳統那般的任勞任怨。她們深受母親任勞任怨的榜樣所影響，以致她們很難接受任何幫助。如果她們還具有強烈的控制欲，甚至還可能會拒絕把子女交給父親照顧，她們會認為自己是無可取代的。不少女性會錯誤地認為，當父親與子女在一起時，他們也必須做和她們一樣的事。事實上，如果爸爸、媽媽能夠分別提供給子女不一樣的親子關係，帶領子女從事不一樣的活動，這將非常有益於豐富子女的人生。

如同所有的關係衝突，在此情況下，為自己的行為負起責任，至於該由對方負責的，就留給對方去負責，這點同樣也非常重要。也就是說，只要女性不認為把子女交給父親照顧，恐讓子女有生命的危險，她們就該放手讓父親和子女自己去形塑他們之間的親子關係。有位女性顧客曾經告訴我，每當她要出差時，丈夫總是把他們十歲大的女兒照顧得零零落落；最常發生的情況就是忘了幫女兒準備晚餐。即便如此，她也未曾加以干涉；遇到這種情況時，女兒要不就會自己去冰箱裡找食物，要不就會央求爸爸煮點東西給她吃，這時爸爸多半也會順應她的要求。無論如何，至今為止，她的女兒從來也沒有被餓著過。

這是一種非常健康的責任劃界，它為這個家庭省去了不必要的衝突。當然，這位女性顧客先前也曾多次建議她的先生，多負擔一些照顧女兒的責任。然而，由於先生的心中住著一個極其倔強的陰鬱小孩，這個陰鬱小孩完全不想讓任何女性對他下指導棋，於是，她很聰明地把培養父女關係的責任直接留給女兒的爸爸。

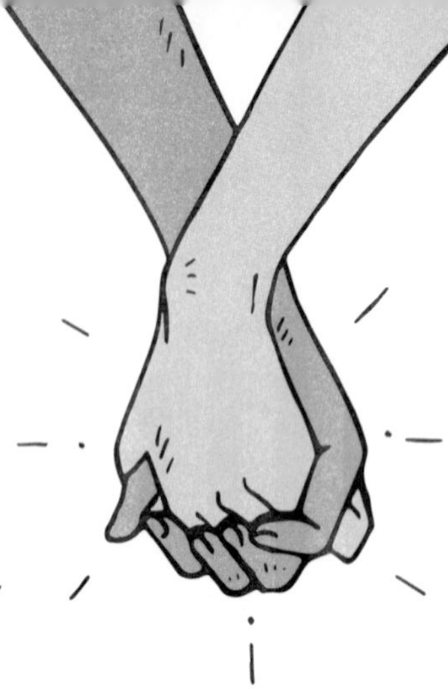

PART 2

療癒

一直到這裡為止，我們所談的都是，認識你自己的關係程式、認識你自己的保護策略。在接下來的內容裡，我想要協助你去改變心中的那些程式，進而改變那些為你的人生和種種關係帶來困難的功能失調的相關行為模式。

基本上，在療癒方面，核心的重點就只有：別再把自己與心中的陰鬱小孩等同起來，得要改用一種清醒的、成人的心態去認清，在裡頭作祟的，是源自童年時期的一個幽靈。本於這樣的內在距離，換言之，站在觀察者視角，你就可以消弭陳舊情感與負面想法，繼而培養出符合你如今長大成人後的實際心態。

除此之外，你更可以產生出全新的、具有建設性的信念，採取幾乎可將其視為「針對陰鬱小孩的方程式」的健康行為方式。也就是說，在這個部分裡所關乎的就是你心中的「陽光小孩」。為了能夠感受到心中的陽光小孩，為了培養以溫和方式剝奪陰鬱小孩的權力所需的力量，我們首先需要一個能夠給予支持的、堅強的「成人自我」。

在後續的內容中，我將告訴你，如何強化你的成人自我。不過，首先我們還得先探討一下，是什麼構成了一個運作良好的伴侶關係，如此一來才能看出我們到底要往哪裡去。

幸福的伴侶關係看起來究竟如何？

如前所述，熱戀的狀態與愛的感覺只有小小的交集。墜入愛河基本上是以身體感受為特徵，像是心悸、緊張、強烈渴望另一個人的肉體等等。我喜歡把墜入愛河拿來與考試緊張相提並論，因為這兩種感覺十分相似，涉及到了在身體表現上非常類似的某種緊張與興奮的形式。在墜入愛河的狀態裡，我們會把這些癥狀感受成正面的；但是在考試緊張的狀態裡，我們則視其為負面的。

在我看來，墜入愛河其實也是對某種考試的緊張。考試的內容不外乎是：我是不是個值得被愛的人？我具有吸引力嗎？對方想不想要我？如果對方見到未經打扮的我，還會不會留在我身邊？我該怎麼做才能讓對方愛上我？我們的戀情是否能夠長久……？

當一個人處於熱戀階段時，他會竭盡所能地取信對方。在墜入愛河的狀態裡，彼此會表現出自己最好的一面，隱藏自己的缺點，換言之，伴侶間不會開誠佈公。基本上，在墜入愛河時，在意自己與自己的表現更甚於在意伴侶。神經心理學針對墜入愛河的人所做的研究，同樣也表明了這一點。在戀愛的陶醉中，實際所激活的是關係到「自指」（self-reference）的大腦區域。即便熱戀中的人幾乎總是在想著自己所愛的對象、總是感覺到一股強烈的渴望，這些想法與渴望所涉及的卻是自己的興奮所帶來的快感，而非涉及到體會對方的感受、為對方承擔責任。然而，後者其實才是愛情真正關乎的。為伴侶承擔高度責任、高度的真實性，這才是愛情的特徵。除此以外，欣賞、溫柔、一起歡笑、具有同理心、接受彼此的缺點等等，也是幸福關係不可或缺的特徵。

在正面的意義上，如果自己覺得對伴侶負有責任，他會希望對方過得好，會避免所有可能傷害到對方的行為，他會以尊重、溫柔和重視的態度對待對方。然而，負責並不代表必須忘我地為伴侶把所有的事情都做對。相反地，負責其實是代表著，我為我自己的願望與需求負起責任，我願意敞開心胸與伴侶溝通這一切。因為，唯有如此，伴侶才有機會以同樣尊重和重視的態度來對待我。

我們應該在伴侶的關係中磋商不同的願望與想法，這也意味著「真實性」，也就是說，我們應該力挺自己與自己的願望。正由於彼此可以互相信任，才能夠心平氣和地把事情說個明白。

能夠經營一段親密且生氣勃勃的伴侶關係的人，必然是具有衝突能力的人。他們相信，愛情能夠挺得住爭執的考驗。只不過，幸福的伴侶其實不常有爭執的情況發生。他們會關注自己心中的陰鬱小孩，因此伴侶幾乎不會遭受什麼扭曲的投射。相應地，伴侶多半會感到自己被真正的理解與關注。我們應該已經能夠清楚地看出，在困難的伴侶關係中，至少有一人的心裡頭是住著一位不會反省的陰鬱小孩。產生於健康人格部分的衝突，通常很容易就能獲得消弭，往往一場對話，就足以徹底解決問題。伴侶們會互相磋商，例如分配家務與照顧小孩的工作。如果伴侶雙方都能夠承擔責任、都能夠尊重對方，這樣的對話通常也會進行得十分順利。

可長久的伴侶會以寬容的態度對待另一半的缺點，並且專注於對方的優點。他們雖然不會再像戀愛初期那麼強烈地理想化對方，但還是會在某種程度上把對方理想化。彼此雖然偶爾可能會發生些摩擦，可是在那之後又會重修舊好。幸福的伴侶可以在爭吵後再度言歸於好；爭吵不會在他們之間留下什麼芥蒂，因為他們徹底相信彼此，對於另一半的愛沒有任何懷疑。

那麼，在長年的伴侶關係中，性方面又會呈現出怎樣的面貌呢？它難道不會無可避免地沉沉睡去嗎？絕大多數幸福的伴侶都會有規律的性行為，即使到了高齡也一樣。如同其他層面，性方面的真實性也扮演了一個重要的角色。如果伴侶雙方能夠互相信任，他們就能放心地把自己交給對方，性事也就能順暢。當然，性不再像戀愛初期那麼頻繁、那麼令人陶醉；不過，倒是會更了解另一半的偏好。性欲也與自己身體所感受到的吸引力有關；也就是說，性趣缺缺並不只會發生在伴侶喪失了吸引力的情況，它同樣也會發生於排斥自己的身體。男性和女性一樣，喜歡把自己視為性對象，希望自己在床上有好的表現；如果事與願違，性趣就會嚴重下降。

也有某些幸福的伴侶是完全沒有性生活的，特別是當伴侶雙方在這方面完全沒有任何眷戀。

幸福伴侶的另一個特徵是，他們喜歡偶爾回歸，這代表著他們會回到從前的某個發展階段，藉此體驗到某種舒適、溫暖的依賴感，從中再度變成小孩。相關研究顯示，幸福伴侶喜歡進行所謂的「童言童語」，也就是說他們彼此有時會以非常孩子氣的方式說話。許多人甚至會發展出一套帶有特殊密語、屬於自己的語言。這種回歸應被理解成，幸福地自我墜落到具有保護性安全網的伴侶關係中。

如果伴侶雙方極為相似，這會是一個很大的利多。有無數的心理學研究都顯示，彼此類似的人遠比許多互相吸引的對立面者更容易在一起。事實上，那些吸引力多半只存在於剛開始的階段裡。到了關係較後期的階段裡，對立面其實是會增加彼此相處的難度。共同的價值、興趣與嗜好，甚至就連共同的文化認同，都能讓伴侶雙方相處起來更加輕鬆。

這是能夠促成幸福關係的幾個重點。我想，你現在應該能夠想像，打造一個你能在其中感到舒適與被愛的伴侶關係其實有多麼地簡單。既能感到安全、同時又能感到自由，這樣難道不是美事一樁？如果你能對伴侶開口談論這些，如果你能向伴侶指出，對你而言重要的是什麼，如果伴侶能夠接受你的邀請，如果你們能夠一起找個好的解答……

也許，對你來說，這聽起來簡單到不像真的。然而，對此唯一的前提就只有：你要勇敢地下定決心，自我省思一番，進而好好地認識並擺脫你的陰鬱小孩。

在下一章裡，我將為你介紹「成人自我」，它能賦予你放開陰鬱小孩所需的支持與力量。

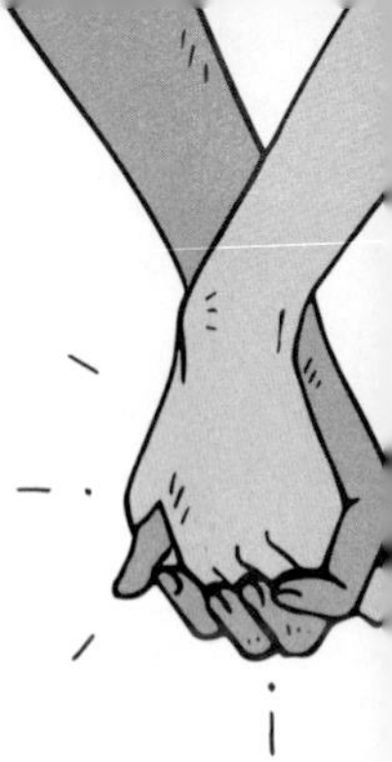

強化你的成人自我

在以下的幾節裡，我將為你說明，如何才能強化一個人的「成人自我」。為此，你必須擺脫受害者角色、必須為自己心中的陰鬱小孩負起責任，這是我們所需的初始基礎。唯有如此，你才能積極地投入以下的種種練習。否則，在你讀過那些內容後，或許你在心裡頭同意，但事後卻還是會忘得一乾二淨，結果就是一切人仍維持原樣。

藉由承認事實，你可以為自己的行為負起責任。因為，唯有當你張開雙眼，承認「有個陰鬱小孩在你心中發揮影響」這項事實，你的成人部分才能下定決心，為他負起責任。這個決定必須由你自己來做。許多人都難以做到這一點；改變會令人恐懼。舊的東西雖然不是那麼美好，但畢竟會讓人感到熟悉和安全。救贖並不會從天而降，它其實是需要倚靠練習。

正如你得練習某種新的舞步、某種新的運動或某種新的樂器，到了某個時刻你才能夠駕馭它們，為了習得新思維、新感受和新的行為方式，你同樣也需要訓練。我在接下來的內容裡匯集了一些練習，借助它們，一方面能讓你的舊程式失效，另一方面則能為自己安裝一些新程式。**你的改變取決於你自己！**

◐ 警覺與切換

所有改變的策略根本就是，當我們處在陰鬱小孩模式時，必須有所「警覺」，接著就得「切換」到我們的成人自我。關於這一點，我已在前面的〈我們的4D電影：從現場視角到觀察者視角〉及〈我們的成人自我〉等章節裡稍微提過。且讓我再簡單地做個整理：如果你想要改變自己，首先必須了解你真正的問題所在，可藉由對陰鬱小孩進行分析，以做到這一點。不可或缺的第二步就是，你必須根據自己的成人理智了解到，所涉及到的只是一些任意的印記，它們完全無法說明你的自我價值，只能說明你過去從父母或照顧者那裡所經驗到的教養。

即使內心情感還不能夠同意這一點，你仍必須至少在理智上明白，你的種種信條並沒有任何事實成分。請讓自己明白，你的信條會鉅細靡遺地影響你的行為，換言之，你會習慣性地根據心中的陰鬱小孩行事，因為至今為止他建構了你所信以為真的現實。在情感方面你最容易能夠有所警覺；認識那些屬於你心中的陰鬱小孩的情感非常重要，其中包括了羞愧、內疚、嫉妒、空虛、害怕失去、害怕失敗、悲傷、絕望、壓力、頑固和憤怒等等。

一旦你感受到了這些情感，你馬上就曉得，這時心中的陰鬱小孩很有可能正要說些什麼。你或許會反駁說，這也有可能是與陰鬱小孩完全無關的某種合理的憤怒或某種合理的恐懼，這當然完全正確，只不過如果那些情感確實是可以被理解的，而且就這點來說也確實是合情合理的，那麼你應該從一開始就知曉。

在這裡先預告一下，在下一節裡，我將進一步告訴你該如何去區分產生自你心中陰鬱小孩的那些情感（你不應該再相信這些情感）以及你的其他情感。

為了讓你自己有所警覺，你需要「自我關注」。你就是所有進一步發展的關鍵；我總是一而再、再而三地對我的顧客強調這一點。這需要精神自律；當我們再度陷入陰鬱小孩模式，我們不能沉淪於其中，必須自我關注地稍微把注意力留在自己身上，覺察自己。許多人雖然明白這些道理，但卻無法落實它們！然而，一旦你能有所警覺、經常自我切換，就會在腦袋中鋪設越來越多新的資訊網路，很快地你也會在情感中安裝一套能讓舊的陰鬱小孩情感失效的新程式。

此外，請培養一種「基本態度」。「基本態度」代表著你讓自己明白，你心中的陰鬱小孩只不過是一個源自於童年的投射，他和你的成人現實一點關係也沒有。為了使你的成人自我能在這一點上獲得強化，我把一些論據交到你的手上，這些論據在往後的幾節中依然會扮演重要的角色，因為它們為理性和鞏固立場開啟了大門。

強化成人自我的論據

① 沒有一個小孩天生就是壞的。

② 嬰幼兒不可能是壞人。

③ 小孩可能會令人心煩、讓人勞累，但這無損於他們的價值。

④ 是否願意自行吸收養兒育女的負擔，產生這些念頭的責任全在父母身上。

⑤ 小孩必然會令人心煩。因為他們基本上完全是無能為力，無論如何必須勞動父母去滿足他們重要的需求。畢竟，他們所設定的程式是：生存！長大！學習一切！

⑥ 如果教養子女對於父母來說是不堪負荷的重擔，那麼他們就應該尋求協助。小孩在這方面完全使不上力。

⑦ 理解小孩的情感和需求，這是父母的職責。然而，理解與滿足父母的情感和需求，卻不是小孩應負的責任。

⑧ 疼愛自己的小孩，歡迎他們來到這個世上，這是父母的職責。然而，做到讓父母能夠疼愛自己，卻不是小孩的職責。

從今以後，你應該自我關注，如此一來，萬一再度落入陰鬱小孩的模式裡，你才能盡快地有所警覺。但前提是你必須察覺自己的情感，而且最好是在那些情感方興未艾之前。我們幾乎無法對強烈情感進行調節，因此請你好好地看住自己，一旦察覺到又再度陷入你的陰鬱小孩情感中，請立刻切換到觀察者視角，換言之，切換到你的成人自我，藉此與你的情感保持距離。站在觀察者視角，你就能清楚地看出，如今你已長大成人，再也沒有任何理由覺得自己屈居於伴侶之下。

以此為本，你會發現，你完全有權維護自己、有權爭辯，甚至有權分手。我知道你或許會想：「這些道理我都懂，但我就是什麼也改變不了！」我向你擔保，這本書還有很多訓練要做，藉以將新觀念鞏固於你的情感中。此處所關乎的就只有借助成人理智來進行的視角轉換。你的情感是否全都隨之而來，現在還不重要，重要的是至少要在理智上清楚地知道，你

練習　認知的兩種立場

這項練習的重點是，在完全清醒的狀態下，從「現場視角」切換成「觀察者視角」。也可以把它們說成是認知的兩種立場。在第一種立場裡，我們完全將自己及情感畫上等號，意即我們處於「現場視角」。這當中涉及到陰鬱小孩的情感，或許也涉及到了我們健康人格的部分。「觀察者視角」則是認知的第二種立場。在這種立場中，我與清晰思考的理智連結，換言之，即與我的成人自我等同起來。

為了進行這項練習，請回想一下，你曾與伴侶或他人所發生的某場陰鬱小孩肯定參與其中的衝突。請避免第一次就取用最嚴重的衝突，應該先取用較輕度或中度的衝突，才能有助於你先行理解這項練習的原理。因此，請你回想起一個完全具體的情況，在那個情況裡，你曾與對方發生爭執，或者你曾極力避免與對方發生爭執，因為你（再次）迎合對方。

① 請先進入認知的第一種立場，化為你心中的陰鬱小孩。為此，你最好站在空間中的某個位置，從現場視角、從陰鬱小孩的雙眼，去觀察處在這個困境中的對方，並且

感知一下，你對對方有何想法、你把什麼樣的動機和意圖歸給對方、這一切又帶給你怎樣的感受？當你記下了這一切後，請完全退出你的情感；可藉由做點別的事情來轉移自己的注意力，或者也可以從頭到腳拍打自己全身，又或是依照字母的順序，找到該字母作為開頭的國家。

② 當脫離了陰鬱小孩情感後，請你進入第二種認知立場，也就是觀察者視角。由此出發，你本於成人自我去審視自己及互動對象，換言之，從遠處去觀察你們。你甚至可以想像，你根本就不是你自己，而是另一個人，這個人的感受與行為可以幫助你對你自己保持盡可能遠的距離。不妨想像一下，你就是負責審理這場衝突的一位公正的法官。

——你由外而內所見到的陰鬱小孩是什麼樣子？

——請分析他的信條、他的情感和他的行為。

——你是否認為陰鬱小孩的情感和行為與衝突的情況相稱？

——如果你是自己的教練，會給自己什麼建議？

你可以把這項練習廣泛地套用到各種情況與衝突上，它幾乎可說是所有改變與自我調整的基礎。在下一項練習裡，我們還會更進一步。這項練習所涉及到的是，盡快地從「現場視角」轉換成「觀察者視角」。現在我們則要採用第三種視角，即對方的視角。換言之，這裡所涉及到的是採取移情的視角。現在我們把這樣的視角放到第二種立場上，因為我們總是要以觀察者視角總結；因此，觀察者視角現在要退居為第三種立場。這三種立場分別如下：

① 現場視角：我把自己與陰鬱小孩（其中或許也會包括我的自我和健康的感情世界）等同起來。

② 移情視角：我把自己與對方的情感等同起來。

③ 觀察者視角：我從外部觀察自己和對方。

在理想的情況下，我們可以毫不費力地在這三種視角之間進行轉換。當你把自己擺在不同的立場上時，你不一定非得要改變你在空間中所處的位置；這只是一種輔助的手段，藉以讓你比較容易做到視角轉換。許多人都偏好站在某個視角。是以，那些偏向配合、渴望結合的陰鬱小孩多半都會處於移情視角，這意味著，相較於認同自己，他們往往會更加強烈地認同對方的願望。他們會站在對方的角度設想，藉以臆測對方對他們有何期待。然而，由於他們把注意力全投在對方的情感上，以致他們無法同時兼顧自己的情感，唯有在他們獨處時才能感受到自己的情感。

相反地，那些總是忙著保衛自己的界線、偏向於自主的陰鬱小孩，往往是處在認知的第一種立場。這意味著，他們只會去感受自己的困苦，不會去感受對方的困苦。他們很難同情別人，他們過於執著在防禦自我的界線。

也有一些人會停留在觀察者立場，從而與自己的情感、與他人的情感幾乎沒有接觸。他們非常實事求是，情緒起伏則近乎是扁平的，他們鮮少有什麼感受。他們會從外部冷眼旁觀這個世界與他人，卻不會活潑地參與人生。他們之中有許多人經常都會覺得，自己只是像部機器在運作。

請你稍微想一想，你自己是否也有黏滯於某種立場的傾向，或者，你是可以在三種立場間順暢地轉換？

練習　認知的三種立場

沿用你在上一場練習中所回想起的那場衝突。由於在上一場練習中已經進入過認知的第一種立場，所以你可以跳過這個步驟，直接進入認知的第二種立場。也就是說，請你設想一下自己站在對方所處的位置上，用對方的雙眼來觀看你自己。對方對你抱持著怎樣的感覺、想法？如果你在第二種立場上探尋夠了，請再次抖落所有的情感，繼續轉向第三種立場，也就是觀察者視角，像個公正的法官，本於你的成人自我分析一下整個情況。在這裡情感不扮演任何的角色，只涉及你以近乎「中立的態度」所做的客觀論證。請同樣也扮演自己的教練，給自己一些行為建議，或是在賦予自己某種不一樣的心態下，結束這場分析。

這三種立場構成了衝突能力、移情能力與事實判斷能力的基礎。如果你有偏好停留在某種立場的傾向，請訓練自己，在日常生活中同樣能夠試著採取別的立場。舉例來說，如果你經常會去認同對方的情感（第二種立場），那麼請你訓練自己，在各種對話中刻意地多感受一下自己。你不妨問問自己：當下我／我們有什麼感覺？我想要的是什麼？我的願望與需求是什麼？請你試著與自己的情感保持接觸，即便有他人在場。

相反地，如果你難以採取移情視角，那麼就請你刻意地訓練一下自己，站在對方的角度去設想。換言之，請你專心地問問自己，對方的情況如何、對方所在意的是什麼、對方又有何感受。如果你多訓練自己的移情能力，你會發現，你的各種關係都將變得更為和諧。

如果你多半都是停留在第三種立場上，換言之，你經常逗留於觀察者視角，那就請你允許自己多往第一種立場移動，允許你做自己。請關注自己的情感，允許自己去感受它們。請在生活中為自己創造快樂與生氣。對你來說，重要的是，你要與自己建立起更好的聯繫。針對這個方面，後頭還會有一些相關的練習。

◐ 區分事實與詮釋

如前所述，我們深受情感所制約，因為情感會為我們的行為賦予方向，驅使我們行動；emotion（「情緒」、「情感」）一詞是源自於拉丁文的 emovere 一詞，意即「驅動」。最大的挑戰在於，我們不能照單全收地完全相信我們感受到的所有情感；如果它們是源自於陰鬱小孩，那麼它們就不是什麼好顧問。因此，我們必須學著校正情感。不幸的是，源自於陰鬱小孩的情感感覺起來就和健康人格的情感一樣真實。順道一提，我們的情感其實同樣也會受到遺傳傾向所影響，外向的人會比內向的人更加強烈地感受到自己的情感，無論它們是好是壞。相形之下，內向者的情感生活比較平淡無波、比較沒有戲劇性。

如何才能區分合理的情感與陰鬱小孩的情感呢？難道陰鬱小孩的情感就不可能是合理的嗎？有時某些讀者會來信告訴我，他們心中的陰鬱小孩畢竟也是屬於他們的一部分，因此他們的情感應該也是合理的。遺憾的是，這樣的說法似是而非。當我們了解到，在陰鬱小孩裡運行的程式其實是一套有缺陷的軟體，因為我們在父母和其他照顧者那裡遭受了些微的「程式損壞」，我們就必須承認，產生自陰鬱小孩的情感是基於錯誤的假設與不符合實際情況的詮釋。

前面曾經介紹過的「投射」，在這裡扮演了一個重要的角色。當我們困在陰鬱小孩模式裡，我們就會面臨著把錯誤的詮釋投射到對方身上的高風險；正如前述茱莉亞的例子，由於抱持著「我不夠格」這樣的信條，她把某種巨大的優越性投射到羅伯身上，而且還因為這樣的信條覺得自己被羅伯拒絕、覺得自卑。如果她想改變這樣的感覺，她就不能寄望於害怕結合的羅伯有朝一日向她懺悔，而是必須去質疑自己的信條與自己對於事實的詮釋。

且容我提醒：當我們困在陰鬱小孩模式裡，我們的認知就會陷於以自我為中心。年幼的小孩會把所有的事情全都牽扯到自己身上，他們會認為自己就是父母或他人為何會這麼做而不是那麼做的原因。當爸爸打小孩，小孩會認為「是我錯了」，而不會認為是「爸爸太具有攻擊性」。當媽媽對孩子露出笑容，小孩會覺得「自己的行為應該是對的」。即使身為成人，我們同樣也會被這種反射的自我價值感所誤導，因而把他人的行為過於看成是針對我們個人。當情感是產生自陰鬱小孩，它們將是糟透了的顧問，我們完全不該聽從它們。

請你至少想出曾在人生中遭遇過的三種情況，在那些情況裡，你的情感反倒令你更加深陷於衝突、委屈或看似無望的處境，請把這一切寫在你的反思簿裡。

練習 檢驗現實

請先從自己的人生中找出曾與另一個人發生衝突、發生問題的情況，然後請你像以下這樣進行分析：

①某人的行為：

這裡請寫下與你發生衝突的人在客觀上就連第三人也都能觀察到的行為。例如，我的伴侶老是不肯好好地聽我說話，而且總喜歡在我講話的時候插嘴。

②自己對於這種行為的詮釋：

例如：他不重視我、他不在乎我發生了什麼事。

③我的哪個信條符合這種詮釋？

例如：「我無足輕重！」

④當我這麼想的時候，我有何感受？

例如：悲傷與憤怒。

⑤請為這樣的行為尋找至少三種替代的解釋。

例如：1.他生性外向，所以非常沒有耐性。2.我對他的聚精會神要求得不夠，而且我講話也太過小聲、太過含蓄。3.他是真的不在乎，但這與我無關，因為我的自我價值並非取決於伴侶怎樣對我。他的行為毋寧只是透露出了與他自己有關的某些事。

請你習慣於區別事實與詮釋！在這當中，你的成人自我若能處在觀察者視角上，那會對你很有幫助。

◐ 擺脫糾葛

當我與某人發生糾葛，我就與那個人有著實際或可能的衝突。「糾葛」代表著，我無法清楚區分，這場衝突的發生，對方應為哪些部分（例如態度、行為方式、情感等等）負上責任，而我又必須為哪些部分負起責任。茱莉亞就是在與羅伯糾葛，因為她幾乎是在為羅伯並不真正投入與她的關係而負責。由於陰鬱小孩的錯誤詮釋，「我的不夠格是造成羅伯逃避親密的原因」，她把問題全攬在自己身上，因此拼了命地想要為羅伯成為一個更好、更美的人。

如果她想擺脫這樣的糾葛，她就必須走進認知的三種立場，並且像以下這麼做：

①她必須在自己的想像中裝上一道阻隔她與羅伯的玻璃牆。
②接著仔細地分析，羅伯的行為真正與她有關的是什麼，或是造成這樣的情況，羅伯自己必須負上幾成的責任，進而在心裡把羅伯該負的責任還給他。
③接下來她可以再去想想，羅伯的行為是否確實透露了與她的價值有關的事情。
④再去分析，自己的哪些行為助長了這樣的情況。
⑤如此一來，在她的思緒中就會顯示出，羅伯對於造成這種情況的責任佔比。這時她就能把自己為羅伯的行為、情感或投射所負的責任留給羅伯，只負責自己所應負責的部分。

借助這項練習，茱莉亞就能明白，羅伯的行為是由於他害怕結合所造成，完全與茱莉亞的價值無關。她也該為自己應負責的部分負起責任，那就是：她對他的依附太過強烈。基於這項清醒分析，茱莉亞就能做出一些新的決定，舉例來說，從今往後給自己更多的關懷，好好地去做自己的事。或許，她也可能會得出這樣的結果：是否該與羅伯分手，這完全是一件值得考慮的事！

相應地，羅伯則能夠明白，把對母親的印象投射到茱莉亞身上，這個責任在他自己身上。他也可以了解到，茱莉亞希望他能夠多投入他們彼此的關係中，這樣的願望其實是完全無害，如今他已不再是個必須屈從於咄咄逼人的女性的那個小孩。這點可以讓他重新敞開心胸，讓自己更加地投入與茱莉亞的關係中。

如果他們兩人一起進行這項練習，他們就能在一個基礎層次上針對羅伯的逃避衝動與茱莉亞的依附交換意見，並且好好地自我反思。他們的關係品質會因此獲得大幅的提升。

◐論證取代直覺

如果你想區別正確與錯誤的情感，你就需要有一個安全的立足點。要做到這一點，得憑藉良好的論證。一旦涉及到陰鬱小孩的情感，如前所述，我們的直覺往往是個糟糕的顧問。相反地，理智基本上較為精準。也因此，我們比較常會去請求諮詢。延續前述的例子，茱莉亞心中的陰鬱小孩認為，羅伯之所以對她保持距離，原因是出在她的身上。如果她想檢驗這項評估，她就必須進入認知的第三種立場，憑藉種種論據去分析，自己的評估是否正確。由理智所引領的評估可以像以下這樣進行：

贊成：我的依賴和抱怨讓羅伯心煩。我的悲傷讓我足足胖了三公斤。我沒有給他足夠的自由空間。

反對：如果羅伯多投入在我們的關係上，多撥點時間陪我，我就不會那麼黏人。當我期待，我們一週至少能夠共度三個夜晚，這樣的要求其實並不算多。此外，我也可以期待，羅伯得要遵守一個共同擬定的度假計畫，因為我對於可預測性及可計畫性的渴望與他對於靈活性及自由空間的渴望是一樣地合理。舉凡涉及到自由空間的事，在我們的關係中反正都是由羅伯獨自決定。基本上，那總只是關乎他的需求。我只能在他願意時靠近他；他在這一點上絲毫不肯妥協。然而，妥協其實也是關係的一部分。一個只因我胖了三公斤就不再愛我的男人，並不真有能力去愛。順道一提，羅伯其實也曾在其他關係中有過親密的問題，除非與他交往的女性和那個令人討厭的瓦樂莉一樣對他若即若離。

坦承：我記得，我是為了羅伯才離開克里斯。相形之下，克里斯其實更有經營伴侶關係的能力。或許我在伴侶關係中同樣也有親疏方面的問題，我自己也該對此做個反省……

每當你警覺到，你出於某種情感把什麼事情都看成是真的，請你投入認知的第三種立場，檢驗一下你的評斷。

◐ 牽起你心中的陰鬱小孩

截至目前為止你已學到了許多東西：你了解你心中的陰鬱小孩，了解他所抱持的種種有害的信條，了解到他所採取的保護策略，也強化了你的內在大人。此外，你也知道如何藉由投入不同的認知立場去區分陰鬱小孩與內在大人，如何在論證中訓練自己。你現在已經掌握了許多訣竅，這些訣竅可以幫助你安撫心中的陰鬱小孩，擺脫自己的負面情感。

也許在進行練習的過程中你也發現到了，當你有意識地去面對心中的陰鬱小孩，有時會感受到些許的悲傷。你或許察覺到了，你心中的陰鬱小孩有多麼沮喪、憤怒、哀傷和失落。正因如此，光是認識我們心中的陰鬱小孩，然後把他推到一旁，改採成人自我的視角，這是不夠的。事實上，我們必須慈愛地接受陰鬱小孩，必須關注他、安慰他，這樣我們才能比較容易地告訴他，再也沒有什麼外力支配著我們現在的生活，因為童年時代已經成為過往，如今我們已經長大成人。

你不妨活用截至目前所獲得的知識，直接與陰鬱小孩進行溝通，藉此來安慰他。借助你的成人自我讓自己明白，負面信條只是你所受的教養而產生出的一種結果，它們並非事實。只不過，你心中的陰鬱小孩或許沒有那麼容易被取信。那些陳舊的印記深深地根植於他的情感裡。因此，你得在一個情緒的層面上聯繫他。唯有當你接受他，這才行得通。

接受陰鬱小孩是療癒的一個基本步驟。一旦你對某些事情說「是」，你就能釋放你內心的阻力。藉由在深層上承認種種傷害曾經發生過，就能肯定你自己。相反地，如果壓抑心中的陰鬱小孩、壓抑他所受的傷害，你就只會延續你從父母那裡經受過的錯誤。陰鬱小孩的情感與心靈創傷會被忽視與否定。療癒代表著變完整。藉由去接受你的人格部分，你將變得完整。原本在陰影中煎熬著、因而發展出威力更強的情感和極具破壞性程式的陰鬱小孩，這時總算得以在你身上找到一個溫暖的家。當他在你身上越覺得自己受到呵護，他就會變得越平靜。

練習

牽起陰鬱小孩的手

① 請閉上眼睛，在內心中與陰鬱小孩進行接觸。不妨以在心中感受一下自己的負面信條，來達成這一點。如果你回想某種他在其中會非常活躍的情況，說不定可以更容易召喚心中的陰鬱小孩。或許那是發生在童年時的某個情況，或許那是發生在成年後的某個情況。請想像一下那個情況，感覺一下陰鬱小孩有何感受。也許這時會浮

現那些熟悉的情感，像是恐懼、壓力、憤怒、悲傷或羞愧，你心中的陰鬱小孩就會顯現在這些情感裡。

② 請你做做直至腹部的深呼吸，告訴自己：是的，就是這樣。這就是我心中的陰鬱小孩。我可憐的孩子，你現在可以安心地就這麼待在這裡。我已看到了你，我會認真地對待你，我要對你說聲：歡迎！

③ 請恢復為輕鬆的呼吸方式。給予陰鬱小孩你的同情。請你向他保證，從今往後你都會陪伴他、力挺他。請告訴他，他再也不會孤單。請你告訴他，你——內在大人，會牽好他的手，會為他解釋這個世界，不久之後，他的內心深處就會感覺到，他完全沒有什麼不足之處，他大可做自己。

你會發現，當你越是接受自己心中的陰鬱小孩，他就會越平靜。他會感到自己被人看見、被人接受。請將這項練習套用到你的日常生活中，盡可能經常反覆進行這項練習。

從現在起，你得要留心，別再讓陰鬱小孩主導你的行為。陰鬱小孩可能會焦慮或沮喪，他也許最想要逃跑或反擊。然而，要做些什麼，應該是由內在大人來決定，這就像在現實生活中與小孩相處那樣。舉例來說，小孩怕看牙醫，慈祥的父親或母親可牽起小孩的手，鼓勵他克服對於看牙醫的恐懼。父親或母親不會把主導權交給小孩，任由他們拒絕就醫。同樣地，父親或母親也不會因為小孩表示上學很無聊就坐視他們蹺課。你可以把這樣概念套用到你與陰鬱小孩的關係上：你可以傾聽，可以允許他跟你述說他的恐懼和焦慮，但最終你得憑藉自己的理智與良好的論據，意即憑藉你的成人自我，去決定什麼該做、什麼不該做。

陰鬱小孩的傳思

為了讓觀念深植於你的潛意識中，我針對陰鬱小孩錄製了一段「陰鬱小孩的傳思」，可在 www.kailash-verlag.de/daskindindir 這個網址上下載。你可以隨心所欲地經常反覆聆聽。

◐ 回應陰鬱小孩的日常策略

截至目前我為你介紹過的各種練習，都需要你花點時間實際地去進行，它們都有助於長期療癒你心中的陰鬱小孩。只不過，在日常生活中，你未必總是有時間和陰鬱小孩進行冗長的對話，或是好整以暇地採取各種不同的立場。在難以預料的各種日常生活情況裡，你可能會在某些情況下猛然發覺，心中的陰鬱小孩正活躍於其中，這時你會需要能夠立即發揮作用的緊急干預。

為此，我在以下的內容中為你彙整了一些方便使用的日常策略；當然，我為你提供的方法並不代表全部，有興趣的話，你不妨也發揮創造力和想像力，為自己擬定一些屬於你個人的策略。重要的是，你該為自己彙整一些適合你使用的策略，而且最好以書面方式將它們記下，如此一來，你就能在日常生活中隨時把它們拿出來應用，不必臨時抱佛腳。

① 信心喊話

簡短且具有激勵作用的句子，往往就已能幫助你平撫心中的陰鬱小孩，進而轉換到另一種狀態。為此，不妨想像一下，你是陰鬱小孩的好爸爸或好媽媽，他需要你的安慰與支持。這代表著，你要用一種充滿關愛的態度對待他，在內心當中適切地與他說話。舉例來說，當你警覺到，你對一個微不足道的批評感到很受傷，你不妨對心中的陰鬱小孩說：「親愛的，沒事、沒事。雖然我們犯了一個小小的錯誤，但我們還是很好，完全沒有問題！」或者，當你警覺到，自己相對於某人屈居劣勢、感到自卑，你不妨對陰鬱小孩說：「喔，我的寶貝，那並不是媽媽／爸爸，如今我們已經長大，我們可以與其他人平起平坐。」

有時候，光是藉由（在你的想像中）鼓勵性地摸摸陰鬱小孩的頭或牽起陰鬱小孩的手，就已經很有幫助。請你不要驚訝地認為，這樣子對待自己很傻！你不妨就直接試試，反正也不會有人聽見或看見。你會發覺，這對你很有幫助，你心中的陰鬱小孩也會因而平靜下來。

請你找出至少三種在日常生活中經常會讓陰鬱小孩受到刺激的原因，並為每種原因分別設想一句鼓勵的話或手勢。請你把想出的一切全寫在你的反思簿上。

②明白的告誡

有時以稍微嚴厲一點的態度來對待陰鬱小孩，也會很有幫助，因為陰鬱小孩往往會有迷失在自憐中的傾向。像是愛情煩惱方面，往往就會有這種情況。不過，就連在陰鬱小孩過於強烈地耽溺於自己的情感時（例如陷於強烈的恐懼中），明白的告誡也會很有療癒效果。畢竟，就連真實的小孩在生活中有時也需要一些明確的界線。因此，當你警覺到，你正陷於負面思考螺旋中，或是正陷於自己的焦慮劇本裡，你不妨以嚴厲的口氣說出：「你夠了喔！你不是唯一有煩惱的人！」、「別再說那些廢話，別再老調重彈！」、「你所害怕的那些事情從未實際發生，你是我的恐懼之聲、是個糟糕的顧問！」

請你想出至少三個可以敦促你心中的陰鬱小孩回復正常的明白告誡，並將它們寫下。

③ 力量泉源

想像出的畫面具有巨大的力量；就負面而言，每當你為自己想像出可怕的劇本，你往往就會體會到這一點。不過，你卻可以把想像力用在描繪正面的畫面上。請想出一個你能從中創造許多力量、能安撫陰鬱小孩的恐懼和／或令他開朗的畫面。這個畫面可以是你喜歡的風景，也可以是從前你身處其中感到強大的某種情境。或許，你想選擇的是，過去你身處其中就會感到幸福的情境（而且這種情況不會喚起任何令人哀傷的記憶）。你也可以天馬行空地幻想出某種情境，或是借用電影裡的畫面，不管是《星際大戰》（*Star Wars*）、還是《魔戒》（*The Lord of the Rings*）。重要的是，那個畫面、那種情境可以在你心中傳遞某種強大、安全的感覺，這個畫面將成為你個人的力量泉源。

請你在內心中完全沉浸於這股力量泉源中，並帶上所有的感官管道一起潛入到那個畫面裡。你在那裡見到了什麼？你可以聽到什麼樣的聲響？是否有什麼氣味？你自己有何感受？你的身體有何感受？請為你的力量泉源找個關鍵字，並且在反思簿裡為這個力量泉源畫個符號（可以是個簡單的草圖）。

當你在日常生活中驚覺到自己正處於陰鬱小孩模式中，你不妨借助這個隨時都能在思想中召喚的力量泉源為你獲取內在的力量。

④ 權勢姿勢（power pose）

正如想像的畫面會對我們的情緒造成直接的影響，身體姿勢同樣也會影響我們的心情。我們的情緒與我們的身體會互相影響，許多相關的心理研究都已證實了這一點。換言之，你可以利用身體姿勢，迅速地從陰鬱小孩模式切換到成人自我模式，如同我們已經練習過的那樣。

練習　權勢姿勢—強而有力的身體姿勢

①請站起來，保持一個良好的姿勢，兩腳穩穩地踩在地上，雙膝微微放鬆。這時請你想像某個情境，在那個情境裡你覺得自己十分強大、十分舒暢，無論那是涉及到運動、涉及到你個人的成功，還是涉及到在你的私生活裡的某個幸福瞬間，都無所謂。你也可以選擇前述練習中的力量泉源作為你想使用的畫面。

②現在請你向下望或是閉上雙眼。請完全沉浸於那個情境裡。你在那裡見到了什麼？你聽到了什麼聲響？是否有味道或氣味？腳下的地面感覺如何？你產生了什麼樣的感覺？請讓你的幸福情境對你的整個腦袋發揮影響，在這個過程中請你也感受一下

自己的呼吸；當你覺得自己強大，你的呼吸呈現怎樣的狀態？請你感受一下雙腳、雙腿、臀部、軀幹、肩膀和頭部。當你處在一個強而有力的姿勢下，這帶給你怎樣的感受？請你挺直身體，找出一個正好適合這種狀態的姿勢。從現在起，這個姿勢就是你個人的「權勢姿勢」。請你也為「權勢姿勢」找一個相應的坐姿。

從今以後，每當你猛然發覺自己處於陰鬱小孩模式，請立刻進入你的「權勢姿勢」，並且一鼓作氣地切換到你的成人自我。如果你經常反覆為之，身體與大腦就會逐漸調整成在改變姿勢下，較好的心情就會隨之而來。

在我們對內在大人做了強化、對陰鬱小孩做了矯正後，現在我想把你心中的陽光小孩介紹給你，他不僅象徵著你的資源，同時也代表著你所期盼的目標狀態的一個清楚的願景。

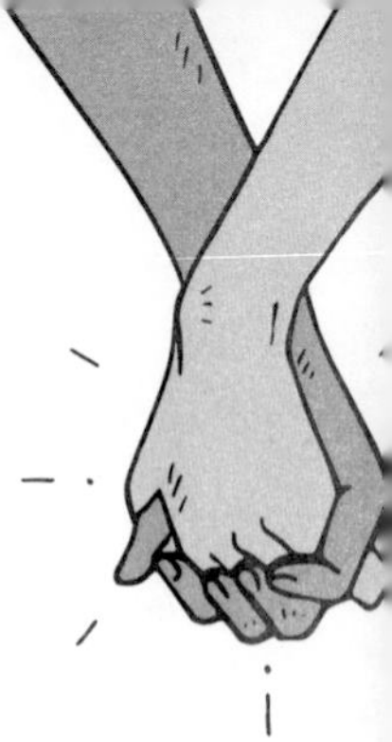

發現你心中的陽光小孩

陽光小孩象徵著人格的健康部分；如同有問題的部分，我們每個人也都具有健康的部分。陽光小孩代表著我們的快樂潛能。請你回想一下，當你還是個孩子的時候，你曾經怎麼樣完全忘我地玩耍、大聲地歡笑。請你回想一下，當你還是個孩子的時候，你曾經怎麼樣毫無偏見地觀察這個世界，許多你如今所擁有的關於美與醜、對與錯的規則，當時根本就不存在，事物就像它們本身那麼簡單。耐人尋味的是，就連那些有個著實悲慘童年的人，也都能憶起童年的這種輕鬆。

這當中所顯現出的力量就是你心中的陽光小孩。他是令你生氣勃勃、好奇、堅強的所有特質的總和。當我們觀察陽光小孩時，我們所要看的是你具有哪些正面的印記與特質。藉由探索心中的陽光小孩，你就能開啟通往充滿創意且成熟的潛能入口，藉此重新形塑你的心態與你的自我形象。

從陽光小孩的視角出發，你就能把你那些舊的信條轉變成極有助益的信條。我們將會審視你的長處和你個人的力量泉源，我們將從「保護策略」轉向「寶貝策略」，借助「寶貝策略」你就能具有建設性地、幸福地形塑你所擁有的關係。然而，我們所要做的並不是重新創造一個你。因為許多在你身上的東西其實已經是良好且適切。在我們觀察並改變了至今為止那些妨礙你自己也妨礙你的幸福的心態及行為後，現在我們要來對正面的東西，也就是隱藏在你身上的資源，下點功夫。我將為你指出（同樣也是借助各種練習），你能夠怎麼樣進一步擴展與強化在你身上的那些正面、輕鬆的東西。

練習

美好的童年回憶

我們要再次進行一個小小的思想練習；這個練習可以幫助你回想起童年時美好的一面。

請你回答以下的問題：

① 當你還是個小孩時，你最喜歡的遊戲是什麼？

②當時你喜歡待在什麼地方？
③當時你喜歡和誰一起玩？
④當時你最喜歡的玩具是什麼？
⑤當時你最喜歡的食物是什麼？
⑥當時你最喜歡的香味是什麼？
⑦當你還是個小孩的時候你最美好的時刻是什麼？

請你先感受一下，你的正面回憶在你身上引發了什麼，接著請你把那一切寫在反思簿裡。

練習

尋找你的正面信條

現在我們要來探究一下你的正面信條。為了進行這些練習，你需要準備一張比較大的紙（A4或更大的紙），還有彩色鉛筆。

首先請你再次於紙上畫個小孩人形。這個小孩人形是彩色、漂亮且快樂的，有別於陰鬱小孩。這就是你的陽光小孩人形，你同樣也可在封底內頁找到範例。陽光小孩將是你的目標狀態，因此他在視覺上必須十分吸引人。這可以激勵你，讓你對於獲取新的經驗感到興致勃勃。所以，請盡可能把陽光小孩畫得漂亮一點，彷彿你想憑著這幅作品在繪畫比賽中取得佳績。你不妨為他畫上漂亮的臉蛋和頭髮，甚至還可以根據自己的品味和喜好裝飾一下整個頁面。

現在我們要來找找你的正面信條。我們且把這項任務分為兩個步驟：第一，我們要先檢視你從父母或照顧者那裡獲得了什麼樣的正面信條；接著要把你在陰鬱小孩那裡找到的核心信條翻轉成它們的正向對立面。

① 源自童年的正面信條

如果你和父母或其他照顧者的關係夠好，你想讓他們與你心中的陽光小孩同在，你可以將爸爸、媽媽或其他的照顧者寫在陽光小孩人形的頭部左右兩側；並請想一想，他們具有哪些良好的特質、他們又曾經正確地做了些什麼。請將這些記錄下來。

○以茱莉亞為例：

媽媽：很慈祥，會細心地照顧我。

爸爸：很慈祥，會親切地關懷我。

如果你不想讓父母與你心中的陽光小孩同在，因為過去或現在你和他們的關係其實不是很好，那麼你可以完全跳過這個部分，或者另外用一張紙寫下他們的良好特質，然後只在陽光小孩人形上寫下你從他們那裡所獲得的正面信條。

也許，在你童年時，曾經有某人給過你溫暖，像是慈祥的奶奶、親切的鄰居或是很能諒解學生的老師。如果有的話，你不妨將這樣的人物寫到你的陽光小孩人形上。

當你寫好照顧者的良好特質後，請搜尋一下自己內心，看看你從他們那裡獲得了哪些正面信條。為了協助你進行搜尋，以下提供給你一個正面信條列表作為參考。

我是受疼愛的！

我很有價值！

我是夠格的！

我是受歡迎的！
我心滿意足！
我不虞匱乏！
我是聰明的！
我夠美！
我有權獲得快樂！
我允許犯錯！
我值得擁有幸福！
人生是輕鬆的！
我可以做自己！
我有時也可以是別人的負擔！
我可以維護自己！
我可以有自己的意見！
我可以擁有感觸！
我可以對人設限！

我辦得到這件事！

如果你找到了多個正面信條，請你最多從中選出兩個，將它們寫在陽光小孩人形的胸部上。如同負面信條方面，這裡我們也要做點限縮，如此你在日常生活中才比較容易自我訓練。

② 反轉核心信條

現在請提取你在本書第九十四—九十五／第一一〇頁之處所確認的負面核心信條，現在要將它們翻轉到正向對立面，例如「我毫無價值」或「我不夠格」等信條的反面是：「我充滿價值」或「我夠格」。不過，某些信條卻沒有那麼容易顛倒過來，其中的問題在於，我們不想使用任何像「不」這樣的否定來看待正面信條。舉例來說，像是「我必須為你的幸福負責」這個信條，它的反面就不是「我不必為你的幸福負責」。對於潛意識來說，由於過於費事，它不會去思考這個「不」，因為不去思考某事是很困難的，譬如我現在跟你說，請你別去想一個粉紅色的氣球，你馬上就會自動地想到一個這樣的氣球。是以，「我必須為你的幸福負責」這個信條的反面可以是：「我可以與他人切割」、「我可以做自己的事」、或是「我的願望和需求也是同樣重要」。

「我是個負擔」這個信條的反面則可以是：「我有時也可以是別人的負擔」，如此一來，我們就不必擔心，當生病或需要援助時，自己可能變成他人的負擔；同樣的道理也適用在像是「我有時也可以犯錯」這樣的信條。

正面信條應當以個人在主觀上能夠接受的方式來表達，舉例來說，如果將「我很醜」這個信條翻轉成「我很美」，有些人在主觀上恐怕無法接受。對此，我建議，不妨改用「夠」字來取代，例如「我夠美」或「我夠好」。

你也可以自行對自己的信條做點限縮，好讓自己在主觀上比較容易接受。例如，如果你覺得「我很重要」的信條太超過，自己顯然難以接受這樣的說法，不妨將句子改寫成像是：「對於我的子女／朋友／父母來說，我是很重要的。」請你用能讓自己感到自在的方式，去表達正面核心信條。

請把你的正面核心信條寫在陽光小孩人形上。

○ 以茱莉亞為例：

我是夠格的，我可以獨立自主。

練習

支持陽光小孩的論據

為了讓你能夠好好地接受新信條，請試著找出一些理性的論據去支持它們。你會發現，比起同意舊信條，理智會更加同意你的新信條。且容我提醒你：**理智幾乎是對的；會經常犯錯的就只有我們的情感**。不過，為了能感受到新信條，你應該先讓它們過過理智這一關。

我借用茱莉亞的例子來做說明。

茱莉亞抱持著負面核心信條如：「我會被遺棄！」、「我是不夠格的！」反轉成正面可以是：「我可以獨立自主！」、「我是夠格的！」

茱莉亞選擇了一個能夠強化自主能力、降低她對於遭到遺棄的恐懼的信條，作為對於「我會被遺棄！」這個負面信條的反轉。她是否會被遺棄，這件事完全不是她自己能夠控制的，一個具有像「羅伯會待在我身邊」這種內容的正面信條是不合適的，因為要不要這麼做只有羅伯才能決定。也就是說，正面的信條必須是在我們自己能夠掌控的範圍內。但茱莉亞的新信條卻也可以是：「我隨時都能與人結合！」（例如與朋友們）；這個信條強調了，她可以積極地共同形塑自己參與其中的各種關係，不會再像小時候那樣軟弱無能、任人擺佈，這同樣也可以強化她的自主能力。

對於支持「我可以獨立自主！」這個信條所具有的真實性，茱莉亞所提出的論據是：「如今我已長大成人，可以照顧自己。我不需要仰賴別人來照顧我。我具有一種獨立自主的人生所需的一切能力。此外，我還有很多朋友，而且我與家族成員的關係也十分融洽。因此，在我需要幫助或安慰的時候，我總是可以找到願意關懷我的人。」

至於支持「我是夠格的！」這個新信條所具有的真實性，茱莉亞所提出的論據則是：「我是個誠實且忠心的女友。我總是努力地讓自己進步。我有個好工作。我不必非得完美不可，就算我偶爾犯點錯，我還是夠格的，因為我是OK的，而且我也可以做我自己。」

請進入你的觀察者視角，換言之，進到你的成人自我中，為自己的新信條找些好的論據，並以書面的方式寫下這些論據。

練習 找出你的長處與資源

除了正面信條以外，認清自己的「長處」與「資源」也是很重要的，能夠對你有益的人格特質與能力，諸如幽默、勇敢或社交能力等，往往都可算是「長處」。你可以對自己大方一點，暫時忘卻「老王賣瓜，自賣自誇」這類譏諷的諺語。如果你難以為自己說些好話，不妨想像一下，你的朋友可能會讚許你的哪些正面特質；又或者不如乾脆就去問問他們。

為了幫助你發現自己的長處，我提供一些範例給你作為參考。

幽默、誠實、忠實、樂於助人、聰明、富有創造力、懂得反省、具有社交能力、富有同情心、有紀律、充滿魅力、靈活、寬容、詼諧、熱愛運動、富有責任感、大方、富有涵養、求知欲強、沉著冷靜、熱情活潑、穩定、能夠自娛娛人、細心、積極進取、可靠、認真負責、具有世界觀、具有同理心……

請將自己的長處畫入陽光小孩人形裡（參閱封底內頁的範例）。

至於「資源」方面，我們所要收集的是你的「力量泉源」，還有給予你支持或力量的外在生活環境。

好朋友、良好的關係、子女，、不錯的工作、足夠的財富、健康、大自然、音樂、漂亮的房子、寵物、友好的同事、旅行……

請將資源畫在你的陽光小孩人形四周（參閱封底內頁的範例）。

練習

感受你心中的陽光小孩

借助以下這項練習，我們要將你心中的陽光小孩完整地安置到你的情感、你的心靈和你的身體上。你也可以把這項練習稱為「遊戲」，這會讓陽光小孩更為歡喜。

為了進行這場遊戲，你最好筆直站立。請先將繪有陽光小孩的那張紙放在你面前的地板上。接著請你感知一下身體的感覺如何？然後再把注意力擺在自己的胸部和腹部，也就是情感的所在之處。

① **請大聲朗讀自己的正面信條，並且在身上感受一下。當你朗讀它們時，它們帶給你什麼感覺？**

② 請喚起自己在人生中經歷過的某種情況，過去或現在你的正面信條已在這種情況中證明為真。它可以是與朋友的歡聚，可以是在工作中、運動中或度假中遇到的某種情況，也可以是你在聽音樂或徜徉於大自然時發生的某種情況。你在自己的人生中必然至少體驗過一次這樣的情況，它讓你感覺到你的正面信條是正確的、和諧的。

③ 接著請把思緒轉移到自己的資源上。請拿出所有的感官包括視覺、聽覺、嗅覺、味覺，好好地在身上感受一下那些資源如何賦予你力量。

④ 然後請你轉向自己的長處。請不要只是用想的，更要去感覺一下，你在自己身上感受到了什麼。當你輕聲地把這些長處告訴自己，它們在你身上引發了什麼感受？

⑤ 請整體感覺一下，你的身體覺得你心中的陽光小孩如何？

請你保持這樣的內心狀態在空間中移動一下，找一找你心中的陽光小孩體態。請感受一下，當你處在這樣的狀態下，整個身體有什麼感覺。再感受一下，當你處在陽光小孩的模式下，你的呼吸有多麼順暢。請你尋找一個表現這種陽光小孩情感的小手勢（姿勢），請讓它由你的身體形成。這種手勢（姿勢）可以作為一個「錨」，每當你有需要時，就能在日常生活中幫助你召喚這種良好的狀態。有位女顧客會自發地張開自己的手，如此一來，她身上就會形成某種假想的「保護膜」。這種放鬆的手勢就是她的陽光小孩手勢。

請把這些美好的感覺寫在你的陽光小孩人形的腹部上。

附帶提醒：請你保持這種陽光小孩的良好內心狀態。接著讓這種感覺形成一幅描繪這種感覺的圖像。也許你所見到的是大海，也許你所見到的是美麗的風景，也許你所見到的是一個遊樂場或一間森林小屋，請讓陽光小孩送給你屬於你的圖像。這份禮物肯定會令你大吃一驚！

請你也用些關鍵字記錄一下，你在陽光小孩身上所發現的那幅圖像。

請你每天盡可能經常有意地切換成陽光小孩模式。你可以藉此在自己的大腦中製造神經突觸連結，換言之，你可以在神經元的層面上訓練出一種新的意識；正如你在學習一套新的體操動作那樣。如此一來，你心中的陽光小孩將會日益成為自己的一部分。也就是說，藉由反覆練習，他就會在你的思想和感覺裡成為常規。你可以自己決定，你是否要越來越常投入陽光的一面。

◐從陽光小孩進入觀察者立場

我們已在〈認知的三種立場〉的練習裡訓練過，將成人自我與陰鬱小孩區分開來，進而對你所面臨的問題有個清醒且符合現實的觀察。且容我提醒一下：警覺到我們正處於陰鬱小孩模式，有意識地切換至成人自我，這是所有改變的基礎；此外，借助陽光小孩，你還可以迅速地獲得好心情，由此出發，你更會對這個世界和你的問題有截然不同的看法。

我想建議你，不妨從陽光小孩情感轉換到觀察者的立場。換言之，請你帶著所有感官知覺潛入你心中的陽光小孩，如同我們已在上一節中練習過的那樣，接著請你在陽光小孩的狀態下從觀察者的立場去審視一下你的問題（例如你在〈認知的三種立場〉那個練習中分析過的那個問題）。或者，你也可以參考一下茱莉亞的例子，她藉此來處理羅伯的逃避親密與自己的一些問題。

如果茱莉亞從陽光小孩視角來觀察自己的問題，她肯定會露出笑容，心想：「天啊，我們真的很掙扎。不過好在我們可以喊卡。我馬上就這麼做。」

你當然也可以從陽光小孩——觀察者視角去感知陰鬱小孩的真實面貌。當我們本於好心情、本於與自己和解的態度去看待我們的問題，它們就會有完全不同的樣貌。當我們心情好的時候，一切看起來都會變得沒有那麼糟，我們的擔憂也可能憑空消失。請你從陽光小孩的角度去發覺，你有多麼地適切與夠格，你的負面信條與你如今的實際情況一點也沒有關係，它們其實只是與父母的苛求有關。或許，你也可以在想像中用陽光照耀你心中的陰鬱小孩，並且向他保證，你永遠會陪伴他、力挺他。

陽光小孩的傳思

為了讓陽光小孩成為你的一部分，我同樣也針對陽光小孩的部分錄製了一段「陽光小孩的傳思」，可在 www.kailash-verlag.de/daskindindir 這個網址上下載。如果你越常反覆聆聽，陽光小孩就會越深植於你的潛意識中。

尋找你的寶貝策略

「寶貝策略」是「保護策略」具體的替代方案。它們代表著具有建設性的行為方式，這些行為方式有助於釐清與穩定我們所擁有的關係。換言之，這裡所涉及到的是，具體地將正面信條落實在我們的行為中。寶貝策略可謂是「我能把什麼事情做得更好？」這個問題的答案。在以下的內容中，我將先為你介紹無論是對於偏向自主的、還是偏向配合的陰鬱小孩都適用的「一般性寶貝策略」。接著，我會再為你介紹一套適合偏向配合的陰鬱小孩學習自主的寶貝策略。最後，我則會再為你介紹一套適合偏向自主的陰鬱小孩學習配合與結合的寶貝策略。

一、一般性的寶貝策略

以下的這些寶貝策略不僅有益於偏向配合的陰鬱小孩，同樣也有益於偏向自主的陰鬱小孩。

◐ 扛起責任、接受事實

「是的，就是這樣……」、「是的，我心中的陰鬱小孩經常會感到自卑……」、「是的，也因此我經常會感到嫉妒……」、「是的，我的母親根本就不想要我……」只要我們不肯接受事實，我們就會一直處在抗拒的狀態中。這樣的抗拒會無謂地消耗掉我們的許多精力。「肯定地接受事實」是種源自於佛教的態度，在過去的二十年裡，越來越融入心理治療中。這種對於事實的接受是基於兩項原則：

① **我只能解決我承認它們是問題的問題。**

② **接受事實可以帶來輕鬆；相反地，抗拒則會引起緊張。**

光是藉由我採取一種接受的態度，我就能消除部分的緊張，從而解決部分的問題。我們已在〈牽起陰鬱小孩的手〉那項練習中學到這一點。在我承認「是的，就是這樣……」那個瞬間，就會發生一次小小的救贖。我們可以把這些原則套用到所有的問題上，就連日常生活裡那些平庸的小痛小癢也不例外。在這裡，我想借用一下我的同行彥斯．克羅森（Jens Crossen）的話。他同樣會宣揚這項原則；舉例來說，當陷於交通堵塞的情況時，建議告訴自己：「我買了一部車，所以我也選擇了遇上塞車的可能。因此，我願意塞車！」當遇上某種自己無法改變的情況，承認它並接受它，這確實能夠安撫內心的煩躁。對於外界的所有人、事、物，我們消耗了太多惱怒能量在感到不安上……，從而，我們也來到了下一個主題：為你自己和你的情感負責。

我們都難免會有把壓力與其他的負面情感投射到外界的傾向。如果我們心情不好，那是我們心情惡劣的伴侶的錯。小孩總會搞得人一刻不得閒，超級市場的女收銀員總愛撕裂我們的耐性，天氣讓我們悶悶不樂……；如果我們採取一種肯認的態度，為我們自己的情感負起責任，所有日常生活的煩惱會呈現出怎樣的面貌呢？承擔責任始於做出決定。我必須讓自己知道，幾乎所有我所遭受的苦難（除了真正的命運打擊以外），都是我某個決定的結果。

從這個視角去觀察，上述的那些情況就會呈現出這樣的面貌：

①這個伴侶是我自己找的。我是否能做些什麼讓他的心情好一點？如果沒有什麼是我

能做的，如果他就是長期無可救藥地心情不好，那麼我就只剩一個選項：離開他。

②生小孩是我自己的決定，所以我也得要忍受他們有時會讓人抓狂；這是生兒育女的一部分。

③撕裂耐性的並不是女收銀員，而是我對她與整個情況的態度。我用來對她生氣的時間，其實可以拿來用在冥想上。

④雖然陰雨連綿，可是我要怎樣評價天氣、怎樣度過這一天，決定權還是在我的手上。

請你為你的問題找個肯認的態度；光是這樣，就可以幫助你把問題的重量減去一半。我喜歡告訴我的顧客：問題有A與B兩個部分。A部分譬如像是：當我獨自乘車，我就會恐慌發作；那B部分或許就是：我簡直糟透了，因為我罹患了恐慌發作。問題的B部分是我對所面臨的問題採取的態度。

許多人都會因為自己有什麼問題而貶抑自己。B部分甚至比A部分更令人感到負擔，甚至更會去妨礙問題的解決，這類情況其實也不在少數。舉例來說，當事人可能會因為自己所遭遇的問題感到十分羞愧，於是不好意思向他人求助。所以，當你受到問題的A部分所困擾，如果你能為自己省去B部分，或是用充滿關懷的理解消弭B部分，這其實也就足夠了。承上例，這時情況或許就會變成：「喔，我可憐的陰鬱小孩深為恐慌發作所苦，他覺得自己無法獨立自主，渴望媽媽能夠伸出援手。」

接著B部分就會消失，或者，內在大人就會為A部分扛起責任，他會決定：「我（關懷你的內在大人）會照顧你，會設法讓你很快就不再感到恐懼，因為我會消除你那些陳舊的童年印記與投射！」

因此，請你試著對你的問題找出一種親切且肯認的態度，試著對你的問題負起責任。請把對此的想法寫在你的反思簿上。

◐消除你的投射、找出一個基本態度

在〈強化你的成人自我〉那一章裡，你已經學到了幾個可藉以消除陰鬱小孩投射的練習。我想為你複習一下：這涉及到了，你把源自於你過去的那些「老電影」視為「老電影」，從而不再陷到它們裡頭。舉例來說，如果你清楚地認識到，你心中的陰鬱小孩具有一個憂鬱的基本結構，因為他在童年時期裡有過許多無能為力的經驗，這將具有根本的意義，因為你借助理智讓自己意識到，你如今已經長大成人，可以決定自己的人生，從而將過去的那一切揭

露為某種過時的投射。你應該為自己把這項認識擴展成為一種所謂的「基本態度」。「基本態度」就像是某種旨在讓自己不必每回都得重新做決定的上位決定。也就是說，如果我認識到了陰鬱小孩在抑鬱的心態下會傾向於把事情看得黑暗，我可以透過上位的層面讓自己明白，這當中涉及到了某種認知扭曲，我不能以此作為我各種決定的基礎。一旦再次警覺到，我又迷失在某些恐怖的劇本中，我就必須「立刻切換」，讓自己意識到，剛剛在我腦海裡上演的那些幻想，其實又是我的那些抑鬱、焦慮的心情。接著我可以從成人自我的角度去思考，有哪些論據可以證明一切確實都搞砸了；即便真有理性的論據可以證明，我也得要問一個非問不可的後續問題：我會不會活下去？或是，在最糟的情況下，我會發生什麼事情？

讓我們再舉一個例子：如果羅伯讓自己徹底明白，他長期認為茱莉亞想要「收服」他，這種感受其實只是他把母親投射到茱莉亞身上，他就可以把這項認知當作基本態度安裝在自己的腦袋裡。它可以被表述成：「你心中的陰鬱小孩認為，茱莉亞想要『收服』你，就像你總是受到媽媽的擺佈。這簡直是胡思亂想，你再也不是個小男孩了，而且你擁有與茱莉亞一樣的權利。你不必總像個執拗的小男孩那樣向他人設限，藉以爭取你的自主。茱莉亞盼望的更多親密與約束力，其實是合理的，你大可『自願地』同意它們。」

至於在茱莉亞這邊，她可以獲得像這樣的基本態度：「妳心中的陰鬱小孩總是在乞求認可與關注，期待剛好畏懼結合的羅伯能夠做到這一點根本就是枉然，他心中的陰鬱小孩深受牢牢束縛住他的母親所影響。妳應該讓自己明白，妳的價值不取決於羅伯的行為。」她可以站到這個上位的層面上。萬一羅伯再度落入陰鬱小孩模式裡，再度對她做些無理的指責，她可以在自己的腦海中裝上一片玻璃牆橫阻在她與羅伯之間，讓羅伯的行為歸於他自己（參閱〈擺脫糾葛〉那一節）。

請為你的陰鬱小孩投射尋找一個基本態度，並將它書寫在你的反思簿裡。

◐ 好好瞧瞧，你的人生帶給你快樂

把自己的思想和感覺託付給心中陰鬱小孩的人，往往只知道兩種狀態：他們覺得自己壓力重重且支離破碎，或是覺得自己疲憊且無聊。他們罹患了「缺乏快樂症候群」。他們心中的陰鬱小孩深信，外面的世界很危險，到處都潛伏著拒絕與失敗。他們會用一些可怕的劇本來折磨自己的腦袋、來破壞美好的時刻。他們的保護策略往往也包含了追求完美，這使得他們無法偶爾靜下來，好好地享受享受。唯有當病倒時，他們才會發給自己休息許可。由於壓力會削弱免疫系統，因此他們較常生病，於是，他們就在病痛與壓力中度過自己的人生。

一如既往，最重要的就是：警覺與切換！只要我困在「母體」裡，換言之，困在陰鬱小孩模式中，我就會確實相信我的所思和所感。首先必須了解，我的種種恐懼與現實不符。我在〈強化你的成人自我〉一章裡教給你的那些練習，全都有助於你做到這一點。接著，你可以藉由讓自己明白，你那與快樂為敵的心態毫無意義，它對任何人，尤其是對你，根本沒有任何幫助，為此尋找一個基本態度。我那已經過世的父親總會說：「**糟糕的人生對誰有用？**」在此我也把這個問題拿來問問你……請讓自己明白，當你心情好的時候，你會是個更好的人。因為，當我們感到壓力重重時，我們就會變得比較小氣、比較咄咄逼人。在壓力狀態下，我們鮮少會以友善、親切的態度待人。這時在我們眼裡，外頭簡直充斥著「笨蛋」、「白癡」。相反地，如果我們心情開朗，甚至於墜入情網，我們或許會不禁問自己，所有那些「笨蛋」、「白癡」一下子都消失到哪去了？突然間，外頭的世界看起來都是粉紅色的。這又再次顯示，我們多麼強烈地把內心狀態投射到外在世界。因此，請你把設法在自己的生活中獲得趣味、快樂和輕鬆當成自己的義務。

共同的快樂與享受是非常能夠增進關係的手段，特別是那些有孩子的夫妻，往往都只是過著做牛做馬的生活。不過，還有許多的困難也都會讓這樣的情況雪上加霜。儘管如此，還是請你和伴侶一起想一想，身為伴侶的你們是否足夠關懷自己，或者，快樂其實早已從你們的關係中消失？如果答案為「是」的話，請你們再想一想，你們可以做些什麼，好讓自己能夠再度感受到它。

大多數彼此相處只剩些微快樂的伴侶們，都是被困在單調的日常生活中。他們往往會陷於權力爭奪的糾葛裡，因為他們會指責對方，認為關係中的施與受失衡都是對方的錯。不少女性都會覺得（這種感覺往往都是對的），自己的肩上扛了太多的家務。

如果情況就是這樣，我建議你們應該找個機會，花點時間聊一聊你們之間的施與受平衡。請切勿立刻陷入相互指責與控訴的糾葛中，應該聚焦於尋求解答。你們如何才能減輕彼此的負擔？處理家務與照顧小孩是否可能借助外人的幫忙？請在自己的行程表上固定留下一點可供你們做為伴侶享用的時間，當然，你們也可以利用這些時間與家人一起做些美好的事。請牢記，如果你們設法讓自己在生活中獲得快樂與輕鬆，你們將會是更好的伴侶、父母、同事、同胞。最好也把享樂列進行程表裡，如同其他所有的事情。

遺憾的是，我們的大腦被建構成會去聚焦於負面的事物與問題，因為在人類的演化過程中這能確保我們的生存。大腦軟體很遺憾地還沒有跟上現代的腳步進行更新，因此當我們在思考時，我們不能任令大腦的自動機制自行其是，我們必須一再有意識地本於成人自我進行一些修正式的干預。這代表著，一旦我們警覺到自己再次陷於晦暗的想法裡，我們就得立刻喊「停」，轉而專注於開朗的想法。我的生活中發生了什麼好事？我可以為什麼感到自豪？我愛誰？誰愛我？我的長處是什麼？我有什麼可以感恩的？這些都是大腦平常不會自動思考的問答，我們必須幫助它去做這些啟發。順道一提，自我價值感良好、從而陽光小孩經常會現身的人，會自發性地這麼做。在他們遭遇一場失敗後，他們會去看清楚，自己究竟做成了些什麼、自己到底能做好什麼，藉此再接再厲；這可算是他們的成功秘訣。

不過，就連「你有什麼可以感恩的」這個問題，也應該在你的思想中獲得更多的空間。也就是說，當我們陷在受害者的角色裡，我們很容易就會不成比例地高估自己的不幸。

你無法充分意識到，你就是真實的你的建構者。你無法充分意識到，只要在精神上花一點小小的功夫，就能幫助你獲得更多的生活樂趣。這也代表著（聽起來有點老生常談），你應該更有意識地去享受生活中的許多小確幸。在某種功能模式下運作、深感壓力重重的人，往往再也不會去感受，自己吃了什麼、喝了什麼，自己的身邊又有多少值得讚嘆的美好事物。直到他們精疲力竭地前往心身症診所求助，他們才在所謂的「喜悅治療」中重新學著真正地去品味，重新開啟自己的感官。

如前所述，許多人會強烈地壓抑自己的願望和需求，以致他們再也無法感受。因此，請你睜開雙眼，打開你對接受美好事物的感官，請積極地去美化你的住處和工作場所（如果可以的話），你所身處的環境與你的心情彼此會起交互作用。

笑能讓人感到幸福，更能在幾秒鐘之內就讓你心中的陽光小孩出現。請你不要坐等發生什麼會令你發笑的事，你應該創造快樂。舉例來說，與其每天早上在交通壅塞中惱火，不如為自己播一張好聽的脫口秀CD。在此，我想向你推薦茱莉亞 托慕夏（Julia Tomuschat）的《81個練習，找回內在陽光小孩：讓生活更愉快、主動、有創造力》（*Das Sonnenkind Prinzip*，繁体中文由遠流出版）一書，本書可以找到許多幫助你在日常生活中迅速製造好心情的簡單練習。

二、運用在自主方面的寶貝策略

◐ 請你學著對人設限，做你自己的事！

接下來的這些寶貝策略是特別針對那些過於配合因而需要在自主方面加強訓練的陰鬱小孩。總體來說，重點在於，讓你更容易感受到自己的需求，讓你更能力挺自己。這與培養良好的衝突能力有關，同時也能強化獨立自主的信念。如此一來，你將能更獨立於他人的關注與贊同。

請謹記，就連在強烈傾向於自主的陰鬱小孩背後，也可能隱藏著一個過度配合的小孩。因此，那些自主的人也可能會認為，自己必須滿足他人所有的期待才能被愛，只不過這樣的想法會在他們身上喚起執拗與抗拒，會啟動他們的反程式：「我為何非得做些狗屁倒灶的事！」他們並不是真正的、健康的自主，只是一種奠基於阻隔與設限的偽自主，因此對於許多過於自主的陰鬱小孩來說，重要的是，首先習得我以下所要介紹的運用在自主方面的寶貝策略，藉以達到一種健康的自主。有了這樣的自主，我們會更容易投入關係的冒險中，因為我們會從內心的設限能力取得力量，從而不會再冷酷無情地對外設下嚴峻的屏障。

具有內心的設限能力代表著：我覺得自己充滿價值，我可以感受自己，我可以為自己說話，我可以參與形塑我所擁有的關係。

我會陪著你在以下的內容中訓練這些信念與能力。由於以下的各個標題都能寫出一本專書，因此我刻意寫得簡短一點，以免對你造成輸入超載。我的目的只在給你一個可資遵循的主軸。

◐ 重視你自己

這聽起來著實老套到不行，就彷彿是從最底層的抽屜翻出來的。儘管如此，過於配合的陰鬱小孩不會重視自己的需求，因為這會妨礙他們的配合，也就是說，如果他們開始重視自己，他們往往就必須與他人劃清界線，而這正是他們所要避免的。他們對於和諧的強烈渴望阻礙了他們去做自己。他們總是希望能夠獲得溫暖的擁抱。但這種態度只能短暫地維持和諧；這點我已在「追求和諧」那項保護策略說明過。

因此，如果你想變得更為自主，首先就得要做出一個根本的決定，那就是：從現在起，你要重視你自己還有你的願望、你的觀點、情感、想法和目標。它們對你來說應該至少要和你周遭的人或伴侶一樣重要。請為自己的願望和需求負起責任，切勿坐等伴侶從你的眼神中讀出它們；這對伴侶太過苛求。為自己喉舌的責任在你身上。如果雙方都能為自己的願望負起責任，就沒有人得要去猜測對方的心思，你們也就能開放且公平地相互對待。

◐ 張開雙眼

如果你想更為自主，那就請你停止壓抑。壓抑是你用來確保與他人的親密最重要的保護策略之一。且容我提醒你，你在結合中尋求安全感，在你的陰鬱小孩模式裡催眠你對於遭到拒絕和拋棄的恐懼。因此你對自己說了很多人的好話，而且不想知道你和他們有什麼不同。也許你從未真正脫離父母，即使他們早已去世；或許，你至今還一直在滿足他們的期待；或者，你會刻意以有別於父母的方式來行事，但在你的心裡仍舊希望得到他們的贊同與認可。

你的父母肯定曾做過一些對的事，也曾幫助過你獲得某些良好的價值或想法。你不妨找個時間好好地想一想，你從父母那裡學到了哪些信條、觀念和行為模式。你可以自己決定，哪些信條可以繼續留在你的人生中，因為「你」贊同它們；哪些信條是你想加以改變，因為它們與你格格不入。請你試著形成「完全屬於你自己的意見」。請站到認知的第三種立場，換言之，進入你的成人自我，從外部去觀察父母與自己，找出一個屬於你自己的觀點。

你不妨把這項練習套用到其他一些重要的關係上。如果你黏著一個並沒有善待你的伴侶，請試著為自己描繪一下伴侶和你們的關係真正符合實際的面貌。換言之，請張開雙眼，或者用另一種方式來說，請你別再愚弄自己！你可以想像自己是這起「案件」的承審法官，站在認知的第三種立場上去分析伴侶關係。請把你分析的結果，以及當你是自己的教練時，你會給自己的建議，誠實地寫在反思簿裡。

過度配合的陰鬱小孩往往會站在認知的第二種立場，這代表著他們認同他人的需求高於認同自己的需求。請加強訓練自己，一再改採認知的第一種和第三種立場，如同我在與此相應的練習〈認知的三種立場〉中所建議的那樣。

◐ 感受你自己

如果你習於配合他人，你就會把自己的注意力擺在他人身上，而非自己身上。你與自己失去了聯繫，這也就是為何唯有當你身旁沒有別人時，你才最能感知你自己。能感知自己是非常重要的一件事，唯有如此，你才能覺察「我」與「你」之間的界限，這是你迫切需要的東西，藉此你才能在自己身上鞏固自我。

注意我們的呼吸，可說是與我們的自我進行接觸最簡單的方法。你只要閉上雙眼，關注呼吸，你不需要去改變它或控制它，只要感知它就好。

以下的練習你得閉上雙眼進行。因此，在你開始進行前，請先瀏覽一下說明。

練習

安撫憤怒的陰鬱小孩

請閉上雙眼，有意無意地稍微注意一下自己的呼吸，接著請設想一個你對某人很生氣的情況。如果你有伴侶，不妨就以伴侶作為你生氣的對象。現在請你讓這種情況在你的意識中清楚呈現，並且允許自己去感受你的憤怒（也可以隨自己高興把這項練習用在悲傷或其他會令人不快的情感上）。請把注意力對準自己的內心，刻意地感受一下自己的憤怒（悲傷、羞愧等等）。我們多半會把注意力向外，擺在我們生氣的對象上，例如擺在伴侶身上；也會藉由尋思報仇或貶抑他人等，去和緩或消弭我們外顯的情感。然而，如果我們想要感受自己的情感，就得在內心探索它們，藉此你或許就能看出，你的憤怒根本不是產生於伴侶的行為，而是產生於心中那位賦予行為負面意涵的陰鬱小孩。

藉由追蹤與探索他，你不再是生氣的人，而是憤怒的「研究者」。如此一來，你就已經遠離認知的第一種立場（現場視角，陰鬱小孩，完全認同情感），投入第三種立場（觀察者，成人自我）。從那裡出發，你可以藉由理解那個憤怒的陰鬱小孩，用一種寬大甚至同情的態度去對待他。你可以像你在〈牽起你心中的陰鬱小孩〉那一節裡所學到的那樣去安慰他。當你牽起那個憤怒的陰鬱小孩，在你的心裡賦予他一席之地，他就會平靜下來，憤怒的情緒也會跟著消失。藉由認識，你對於你的憤怒負有幾分的責任，你就能為這樣的情況與情感負起責任，進而找出你該如何與對方繼續相處的解答。

基本上，能最快觸及你的情感的方法，就是透過呼吸。為此，請你在一天當中多次走入自己，將注意力擺在呼吸上，仔細地感受一下，怎樣的情感正在你的身上蠢動著。順道一提，冥想是種走入自己不錯的方法，能夠提高身體知覺的練習也會對你很有幫助。

◐ 決定與行動

過於配合的人往往會有難以做決定的問題，因為他們太少練習關注自己。也因此，我在前面安排了〈重視你自己〉、〈張開雙眼〉和〈感受你自己〉這幾節。它們可說是培養決定能力的前提。

且容我提醒：過度配合的人寧可被動地遭遇自己的人生，也不願主動地去形塑它。當你學會了感受自己，你會更容易去做決定。如此一來，你也就能有意識地去形塑自己的人生與自己的種種關係。以下的練習可以幫助你為自己找出正確的決定（在你進行練習前，請先瀏覽一次說明，因為在這項練習中你得要再次閉上雙眼）。

練習

利用身體的感受輔助你做決定

請閉上雙眼，把注意力擺在呼吸上。

①請思考某個真實或幻想的情況（例如你的夢幻假期），而且這個情況是你敢完全肯定會「贊成」的，接著請感受一下這在你的身體上有著怎樣的感覺。請你留意這種正面的肯定，感受身體表現，它可能是一陣發癢、可能是腹部有股暖暖的感覺、也可能是一次深呼吸⋯⋯，請短暫地享受一下這樣的感覺。然後請你慢慢地張開雙眼，做個深呼吸，稍微抖動一下身體，藉以重返當下。

②現在請你再次閉上雙眼，設想一下某件事情，而且這件事情是你敢完全肯定會「反對」的（例如某種你完全拒斥的政治觀點），接著請你也相應地在身體上稍微感受一下。請同樣短暫地停留在這樣的感覺裡，然後再慢慢地張開雙眼，做個深呼吸，稍微活動活動，甚至可以舒展四肢或伸伸懶腰，藉以結束這項練習。

現在你曉得，當贊成或反對某件事情時，你會有何感受。相應地，從現在起，當你要做什麼決定時，你不妨留心一下，你的身體有何感受；那是比較偏向你曾感覺過的贊成感受、還是反對感受？

在〈論證取代直覺〉那一節裡我曾寫到，當我們的直覺是源自陰鬱小孩，它們就是糟糕的顧問。因此，消弭我們的種種投射是非常重要的。不過，你如何能夠確認，你的情感是屬於陰鬱小孩的情感、還是屬於健康、正確的情感？為此，請你切換到觀察者視角，換言之，切換到成人自我去分析一下，陰鬱小孩在你的情感中佔了多大部分，如同我在〈認知的三種立場〉那項練習裡說明過的那樣。根據我觀察的結果，當我的顧客切換到他們的成人自我，他們很快就能明辨正確與錯誤，或是能夠妥善地分析出心中陰鬱小孩的佔比。

沒有能力做決定，往往是因為陰鬱小孩和理智老是混在一起。當這些狀態在身上廝混，我們就會說出像這樣的句子：「我的腦袋很清楚，可是……」這代表著，明智的內在大人清楚知道該做些什麼，但陰鬱小孩卻總是在這當中哭鬧。因此，區分這兩種狀態是很重要的。

當你本於自己的情感和理智做出決定後，請你行動吧！有些人能夠做出決定，但接下來卻無法將它們化為行動。這就跟他們從未做出任何決定沒有兩樣。除非動手去做，否則是不可能有好的收穫。運行的阻滯要不就是肇因於「決策後的衝突」、要不就是肇因於「惰性」。當我們確實做成了一個決定，但事後卻又對它感到懷疑，這時就會產生「決策後的衝突」。

遭受失敗或拒絕的恐懼澆熄了行動的熱情，過度配合的人往往會追求百分之百正確的決定，可是這種決定多半並不存在；百分之八十正確，其實就足以讓我們開始著手。你不妨問問自己，如果你做了錯誤的決定，在最糟的情況下會發生什麼事？大多數的決定其實都是可逆的。這點同樣也適用於伴侶的選擇。

誠如我先前提過的，許多害怕結合的人都認為，一旦他們答應了對方，自己就再也無法抽身。這當中涉及到了源自童年的某種陳舊投射——往往是由一位要求很高的母親所引起。也就是說，一而再、再而三地關係到了，認識陰鬱小孩、卸除他的領導權、幫助他從自己根深蒂固的恐懼與懷疑中解放出來。

那麼，「惰性」又是怎麼回事呢？舉例來說，某人很清楚，一星期要運動三次，遺憾的是，他卻不這麼做。如同出現在我們人生中的許多問題，這裡也摻雜了遺傳的因素。除了活動系統以外，我們還具備了一套「節能程式」。這套程式可以幫助我們復原，幫助我們妥善分配力量。惰性與動性同樣都是我們的一部分。此外，這兩種狀態都有一種自我強化的作用——我越是活躍，我就越樂於活動；我越是懶惰，我就越樂於慵懶。這與慣性的定律有關。

如果懶惰總是破壞你的良好意圖，請你有意識地下定決心，例如你要做運動，而且你還要規律地做（基本態度）！接著請安排個固定的時間，如此一來，你就不會一再陷於掙扎的窘境，不必老是得問自己，現在是不是有點懶得去跑步或做瑜珈。

我總是孜孜不倦地在自己的書裡提示讀者，在能夠賦予日程的結構下，我們最能順暢運作，這個結構應該包含工作時間與休閒時間。因此，如果你想規律地做某些事，那麼請將它固定安排在你的每日行程或每週行程中。一旦你起了頭，而且逐漸變成例行公事，你就會很容易保持這樣的結構。

如果你有延宕的毛病，請審視一下你心中的陰鬱小孩以及你對於失敗的恐懼，因為它們往往就是你老是愛延宕的癥結。請牢記，延宕與壓抑會比克服事情更虛耗我們的時間與精力。也就是說，延宕一天我就虛耗二十四小時，延宕一週我就虛耗七天；相反地，完成一件事，我只需要花費非常有限的時間和比之更少的精力。如果因為自己的延宕導致未完成的待辦事項堆積如山，那麼請你下定決心，每天把這座山鏟掉「一點」；「一點」代表著，每天花半小時過濾一下信件，或是回覆尚未回覆的來電。如此一來，「巨大的山峰」就會失去令人癱軟的恐怖。

◐ 討論與辯論

請謹記：每個決定都好過總是停滯不前。

當你做出決定，並不必然代表著，周遭的人特別是你的伴侶，就會滿意你的決定。因此，你必須要有能力捍衛自己的決定。這對那些過於配合的陰鬱小孩來說多半都是極大的恐怖；這當中存在著強烈的發展需求。目前市面上有許多教人如何主張、說服與辯論的指南。由於本書已有很多要灌輸給你的知識，因此在這裡我只想扼要地說明一下，並且為你介紹一種能夠幫助你、力挺自己的簡單而有效的策略。

一如在人生中常見的那樣，最重要的是面對你的衝突對手的心態。陰鬱小孩經常感到自卑的人，會非常害怕自己陷於劣勢。強勢與弱勢、勝與負都是他們進行思考的框架。在這當中，你必須有所警覺，必要時隨時切換：你得切換至成人自我，站在觀察者的立場去看清，你和伴侶（或是衝突對手）其實是平起平坐的。請為自己準備好一個「基本態度」：所要做的並不是權力鬥爭，所要做的只是在一件共同涉及到的事情上繼續向前。在成人自我中，你不妨藉由刻意去連結自己的長處與資源，「升級」到陽光小孩模式。如此一來，你不僅讓自己轉換到成人自我的立場，還附帶地轉換到某種正面的、充滿活力的心情。在陽光小孩模式中，你甚至還能抱持著寬大的態度去對待你的衝突對手；畢竟，你的對手也是有他在乎的事情，也是有他自己的陰鬱小孩。

在進行以下的步驟之前，請先站在觀察者的立場檢驗一下，你的陰鬱小孩對於你與衝突對手的關係造成了多大的負擔：你覺得對方是強勢還是弱勢？你是否嫉妒對方？如果你不信任對方，請問問自己，是否存在著什麼事實足以讓你堅持不相信對方？或者，你的不信任是不是陰鬱小孩所造成？

① 請想一想，有哪些論據可以支持你的立場／你的要求；最好以書面方式寫下。

② 你的對手可能會有哪些論據？

③ 如果對手擁有更好的論據，認可對方，衝突隨之就會消弭；如果情況不是這樣，請捍衛自己的立場。

④ 請積極主動地創造討論衝突問題的機會，不要坐等機會從天上掉下來。在討論前，請你先有意識地進入自己的陽光小孩模式；如果無法做到，請你至少轉換到成人自我。

⑤ 請你明白地表述自己的立場，同樣也專心聆聽對方想要說些什麼。如果對方提出了能讓你由衷地相信的良好論據，請贊同對方。如果你一時之間無法確定，不妨請求對方給你一點時間考慮。如果你敢肯定你的論據更勝對方一籌，請捍衛自己的立場，或是藉由進一步的談判達成某種妥協。

請牢記，處在心情好的狀態下，你能更輕鬆、更妥善地商討一切，就連極其困難的問題也不例外。帶著友好的態度去表述自己的想法，這一點並不會減損它們的說服力。請你明白，你隨時都能請求考慮的時間。特別是那些比較沒有安全感的人，或是內向的人，在他們得出一個明確的決定前，往往都得先花點時間整理一下自己的思緒。

◐ 學著說「不」

過於配合的陰鬱小孩希望討人喜歡，希望與人相處融洽，因此他們很難誠實地說「不」。由於他們的認知扭曲，如果他們對人設限，他們就會將很大的失望投射到對方身上。他們會努力地去猜測他人對於自己可能抱持的期待，並且默默地去滿足這些期待。然而，學著偶爾說「不」的人其實都有這樣的經驗：根本就沒有什麼嚴重的事情發生，對方甚至還會對他們表示體諒。你以後必然會同意這一點。

在你研究自己不擅於說「不」的原因時，請一併分析童年的這個脈絡。這項弱點與你和父母或他人相處的經驗有何關係？請試著確切理解，你心中的陰鬱小孩在這方面的責任佔比。

能夠幫助你為自己的願望與需求負起更大的責任的基本態度就是，藉由對伴侶或他人說「不」，你將變得更為透明、清晰。此舉能大大地降低他們與你相處的複雜度與困難度。換言之，如果他們曉得與你現在究竟處在什麼樣的情況，這會大大地減輕彼此的負擔。我曾指出，追求和諧其實是對與他人的關係造成嚴重負擔的一環，是的，甚至還可能毀滅我們與他人的關係。

因此，請你明白，你要做的就是，為自己負起更多的責任。這理所當然地代表著，對方必然可以減少為你負的責任；這樣很好！

在此請你同樣再度遵循「警覺」與「切換」這兩個步驟。請你切換到成人心中的陽光小孩或你的成人自我審視一番，是否有什麼論據表明，如果你拒絕對方的某項請求或你想修改某項約定，對方「理所當然」就該失望。你不必苛待自己。特別是那些略帶自戀特質的人，如果拒絕他們，他們很容易感到受傷；然而，你不必非得隨著這樣的反應起舞。取而代之，你應該本於你的成人理智問問自己，你能指望對方什麼。

請讓自己明白，你不必為對方心中的陰鬱小孩負責。如果對方因為你行使自己說「不」的權利而沮喪或生氣，那是他自己的問題！這時他必須去和自己心中的陰鬱小孩溝通；除非，你像羅伯那樣，經常處在自主那一方，就連完全合理的請求也都拒絕。也就是說，內心十分執拗的陰鬱小孩有時會過於嚴厲地設限，因為他們拙於面對他人的期待。他們可在緊接著登場的〈運用在結合方面的寶貝策略〉裡找到適合的寶貝策略。如果你站在成人自我的立場上發現，當你（再次）回絕對方，而對方合情合理地感到失望，那麼，矯正一下你心中那個太過自主的陰鬱小孩，會是很重要的步驟。然而，如果你在本於成人自我下完全看不到任何反對你說「不」的論據，那麼請你為自己的拒絕負起責任，捍衛自己的拒絕。以極為友好、親切的態度去表達。誠實地說「不」會遠比含淚說「是」更有益於關係的經營。

對我來說，重要的是，不要總是嚴格地設限，也別把自己的所有小小需求都賦予巨大的重要性。有時在自主訓練課程下課後還一直喋喋不休地談論自己與自己的需求，確實會讓人厭煩，不過根據我的經驗，站在觀察者的立場，其實一般人可以培養出對於適當設限與不適當設限的良好嗅覺。站在這個立場上，你很容易就能看出，你是否有理、公允地向對方說「不」，或者，滿足對方的要求是否才是比較合理的做法。

請你從記憶裡翻找一些你以答應取代拒絕的情況，然後問問自己：如果你當時誠實地回答，在最糟的情況下，究竟會發生什麼事？這個問題其實是具有關鍵的重要性，但往往不會被人徹底地思考一番。

誠如我已多次提及，我們能夠付諸實行的，就只有我們能夠想像的那些事情。因此，請你在想像中訓練自己面對某些對人設限的情況。如果你也能更常以口語的方式訓練自己說「不」，這會很有幫助。

你不妨先從一些在你看來無關生死的情況開始，例如對除了你購買的東西以外還想推銷別的商品給你的銷售員說「不」，或是友好地對打電話來的廣告業務員說「不」。請你想一想，你要如何才能明白卻又不失友好地表達拒絕之意，讓對方盡可能不會感到受傷。

◐ 放手

渴望結合的陰鬱小孩很難做到放手。他們寧可緊抱一段不幸福的關係，也不願分手。他們對於孤獨的恐懼阻礙了他們的自由。然而，有時分手卻是失敗的伴侶關係唯一的出路。尤其是，當伴侶是個很難相處且又是個拒絕反省和進步的人，情況更是如此。以下我想為你列舉一些在我看來應該建議分手的理由：

① 完全不願妥協與片面的權力分配。伴侶頑固地做著自己的事，約定經常不被遵守，或者只是根據伴侶的規矩來訂定。

② 無法接受批評。無論是真正的、還是臆想的批評，都會讓伴侶感到很受傷。要不就

是要完全站在伴侶那邊，要不就是會發生爭吵。

③拒絕反省與進步。伴侶堅持自己沒有這方面的必要，而且把與心理學和反省有關的一切全貶抑為「精神垃圾」。或者，伴侶會自以為自己很會反省，但事實卻並非如此；這種情況與那些極為迷信的人的情況十分類似。

④過度依賴。伴侶把全部需求的重量通通壓在另一半的肩上，而且總是需要另一半的關注與支持。他們極為不獨立自主，而且總是要求另一半陪在他們身邊。

⑤過度自主。伴侶對於主動結合感到恐懼，而且也不願在這件事情上做出任何改變。

如果我遇上一個明顯很難相處、但卻不想下功夫改變一下自己的伴侶，唯有當我把自己大部分的需求全都晾在一旁，屈服於對方的獨裁，或者我乾脆自己做自己的事，我們彼此各過各的，我們的關係才能繼續下去。但這兩種情況都沒有意義。依賴的陰鬱小孩會有迷失在不幸福的伴侶關係中的危險，他們會否定伴侶關係的悲慘現實，正如我已在〈張開雙眼〉那一節裡說明過的那樣。此外，他們還會一再修築同情心的橋樑，於是不管伴侶做了什麼，他們幾乎全都原諒。分手是他們難以做到的事。

我們要如何學會放手？對於改善的寄望就是能把破碎關係黏住的超級強力膠。伴侶的一方或雙方會一直寄望著，另一半能夠改變自己。我們首先應該做的是，針對我們的伴侶關係進行一下事實檢驗。如果你覺得我們現在正在說的好像就是你的情況，請你站到觀察者的立場上分析一下，你和伴侶對於目前陷於困難的關係各負有幾分的責任。為此，最好在想像中的你們之間裝設一片玻璃牆，藉以幫助你具象地走出這項糾葛。請你本於法官的態度，客觀地詢問一下自己：「你的伴侶會改變自己」這件事有多不切實際？如果你得出了「這是不切實際」的結論，請允許自己去感受這項事實，在你的內心當中給這項事實一個空間。請你把注意力擺到呼吸與你的胸部和腹部上，接著請你在心裡對自己說：「沒有希望了！」雖然這一刻可能會讓你感到十分悲傷，但它卻能推動你去尋求一個更好的人生。

在進行下一步之前，請先藉由轉移注意力或稍微拍打一下自己，抖落你身上的悲傷。現在請你在想像中描繪出一幅沒有伴侶的人生，同時請想一想，你想要具有建設性地把自己的精力用在哪裡。如果沒有任何新事物去填補產生出的空洞，我們會難以對舊的事物放手。也因此，許多人只在已經找到了新伴侶的情況下，才能脫離原本的伴侶關係。只不過，我會勸阻你這麼做，因為這麼做會讓你有緊黏著新歡再次落入關係陷阱中的危險。取而代之，我建議你，把全部精力轉向那些由你掌控的幸福事物上。在伴侶關係中你深受失控所苦，因此取回控制權對你來說非常重要。你可以借助所有能夠充實你、讓你幸福或單純只是讓你繼續向前的事情來做到這一點。換言之，做出你個人改變的重要時刻已經到來！以下是一份你或許能為自己的人生中做些改善的檢查清單：

①如果你和伴侶分手，也許你該改變一下自己的居住環境。你不妨花點功夫，把自己的新住處美化一下。如果你是留在原本的住處，那就請你瞧一瞧，你能為自己再做點什麼美化，例如你可以藉由移動家具，改變一下住處的擺設。外在改變有助於標誌出你人生中的一個新的階段，有助於驅除舊的記憶。

②在工作方面，你的情況是如何呢？現在是一個在工作上做出改變或是去進修的好時機。

③在朋友方面，你的情況又是如何呢？你不妨勤快一點，與朋友聯絡，或是透過網路加入社團結交一些新朋友。你也可以請你的老朋友為你引介一些有趣的人。朋友總是很重要，尤其此時更是特別重要。

④你有什麼興趣或嗜好呢？你不妨試著深化某項舊興趣，或是開始培養新的興趣。也許你長久以來都想學習跳舞或彈吉他，現在正是一個最好的時機。

⑤請專注於個人的成長。針對你挑選了前伴侶與後來兩人的伴侶關係的失敗，為自己所應負的責任進行分析，進而做出改變。請借助本書認真地下點功夫，好好地利用

這場危機幫助自己成長。

⑥ 請盡可能享受人生，盡情享受能讓你幸福的一切。

請你在自己的幻想中描繪一個再也沒有你的前伴侶、真正幸福的人生。可以想像的一切，同樣也可以著手去實現。換言之，如果你能想像出一個沒有現在伴侶的美好人生，你就確實能夠去過那樣的人生。順道一提，新的愛情肯定也會再度降臨在你的人生裡。如果你能夠牽起你心中那個陰鬱小孩的手，你就能夠在下一回為自己選擇一個正確的伴侶，能夠變得比你至今為止更幸福。然而，唯有當你鼓起勇氣踏上這條路，這條路才能暢行無阻。「可能再也找不到其他的伴侶」，這樣的恐懼是個幾乎會找上每個分手的人的幽靈；不管他們是二十歲、還是七十歲。請你相信我，天底下沒有過不去的坎。

三、運用在結合方面的寶貝策略

◐ 學著配合、信任與投入

格外看重自主的人，往往會對外界嚴格設限，藉以保護自己心中那個不安的陰鬱小孩。然而，在某些情況裡，當事人卻也有可能只蒙受了「自主損害」，卻未蒙受「結合損害」；也就是說，他們的母親能夠非常妥善地滿足他們的結合需求，但卻強烈地限制了他們的自由。在這樣的情況裡，當事人的內心完全能夠感覺到自己充滿價值，然而，一旦關係變得較為緊密，他們老舊的陰鬱小孩程式便會啟動，把愛情與過份干涉的母親或父親連結起來。

在這方面，改變的核心部分同樣是：**消除陳舊的投射，強化你的成人自我。**

◐ 消除你的抗拒

誠如我一再強調的，自主的陰鬱小孩身上有著強烈的執拗與巨大的憤怒。攻擊性是有助於伸張自我的情緒，它本身是好的；不過，如果怒火是由陰鬱小孩的投射所點燃，它就會是不適當的。然而，只要我陷於陰鬱小孩的模式裡，我就會認為自己的所有情感和想法都是適當且合理。因此，一如既往，改變最根本的步驟就是「認清自己的體認是扭曲的」。換言之，我必須仔細地思考一下：是什麼樣的認知扭曲導致了我的抗拒？或許借助本書所介紹的一些練習你已對這個問題做足了研究。只不過，你可能還是缺了最後一塊拼圖。

如果你一再逃避伴侶關係的親密，或者你根本就抗拒投入任何伴侶關係，請你試著探究一下你抗拒的癥結。最簡單的方法就是，思考一下某個你會去抗拒他的人。與此同時，請你也向內感受一下自己，試著從情緒上去理解，到底是怎麼回事。以下給你幾個提示：

① **我害怕固定與受縛。**
② **我害怕被傷害與被拋棄。**
③ **我害怕依賴與軟弱無能。**
④ **我渴望親密，但不知怎的總會覺得尷尬。**

如果你在自己身上看出上述的一種或多種恐懼，這涉及到了你心中的陰鬱小孩的投射。你心中的陰鬱小孩感到自卑，他認為自己必須聽話、乖巧地滿足伴侶的所有期待，如此一來，他的自由就得被晾在一旁。在這種情況下，你會在伴侶關係中製造出無能為力、遭到囚禁的感覺。你心中的陰鬱小孩錯誤地以為，伴侶或伴侶關係限制了你；事實上，造成你在腦袋中對你設限、限制你的是你自己的配合程式。

你心中的陰鬱小孩反抗這種限縮，在親密時刻後一次又一次地推開你的伴侶。或許你心中的陰鬱小孩十分害怕自己會被拋棄。作為保護策略，他不惜任何代價都要掌握控制權，也因此他要與伴侶保持距離。且容我提醒：對於失去的恐懼與過度配合是一對孿生姊妹。對於失去的恐懼會讓許多人錯誤地相信（這同時也是他們的保護策略），他們必須服從伴侶的願望，就是這樣的想法造成了他們頑固地抵抗。

然而，或許你在童年時未曾學到過如何處理親密與溫柔的情感，這些情感讓你覺得難為情。就連在這種情況裡，你同樣也是困在陰鬱小孩模式中。陰鬱小孩把你的童年經驗套用到今日的情況。或許從前父母經常拒絕你，你對於自己的情感深覺羞愧。時至今日，當你的伴侶接近你，你就會覺得自己彷彿被砌到牆裡。

無論抗拒的癥結是什麼，你都能利用認知的三種立場消除你的投射：

練習

利用認知的三種立場消除抵抗

① 請回憶某個你心中的陰鬱小孩抗拒現任伴侶或前任伴侶的情況。請站到認知的第一種立場，完全有意識地讓心中的陰鬱小孩暢所欲言。他的恐懼是什麼（例如害怕被操控、被收服、無能為力、羞愧）？他又把什麼不良企圖誣賴給了對方？

② 在你對陰鬱小孩做足了探究後，請先將所有負面情感從自己的身上抖落，接著轉換

到認知的第二種立場，換言之，轉換到對方的立場。當你拒人於千里之外，對方的心裡作何感想？請你以對方的角度來觀看自己，同時也感覺一下對方的感受。

③在你完成步驟2後，請你同樣先抖落所有負面情感，接著再轉換到認知的第三種立場，也就是觀察者的立場，從成人自我的角度去分析一下自己的行為。請讓自己明白，你如今已經長大成人，你和伴侶或他人其實是平起平坐。你既自由、又具有行為能力，你不必總要藉由頑固地拒絕來證明自己。你和伴侶擁有同等的權利。請你分析一下，對於要求更多的親密與約束力難道不也是完全合理？你同樣也可以顯露自己的情感，你也可以是深情的、溫柔的；你的伴侶將會對此感到高興。你的伴侶不是你的媽媽或爸爸。

如果你深受創傷，與陰鬱小孩的種種投射保持距離更是特別重要。創傷的問題在於，大腦無法相信你如今已處於安全狀態，而且同樣也存在著你能信賴的人。如果你無法與自己的過往經驗保持距離，你最好尋求創傷治療的專業協助。

◐ 允許你的軟弱情感

偏向自主的陰鬱小孩不擅處理諸如恐懼、羞愧、悲傷或無力等軟弱的情感，這可能具有各種不同的成因。父母本身不擅於應付這類情感，是常見的原因之一。另一種常見的原因則是，母親或父親本身非常軟弱，子女的柔弱與需求讓他們不堪負荷，於是子女們必須提早變得堅強而自主。此外，父親或母親給予過多的限制和／或保護，以致子女總是得要反其道而行，而且絕不允許自己軟弱，以免陷入父親或母親施予他們的「枷鎖」，同樣也是常見的原因之一。

從正面的角度來看，過於自主的人往往十分強悍，不管女性或男性都一樣，而且他們多半在事業上非常成功。然而，在關係的層面上，他們高度的獨立與強悍，卻往往帶給他們很大的問題，因為他們無法真正地與人結合。為此，他們必須允許那些他們一點也不喜歡的情感。

愛同時會讓我們變強也變弱。藉由我們透過愛所得到的支持、關注與尊重，它讓我們變強；可是，愛同樣會讓我們變得依賴、容易受傷，讓我們變弱。然而，如果我非常看重盡可能不會受傷地度過我自己的人生，我就必須去阻擋它。否則的話，我就得在思想上，從而也在情感上，接受「我是會受傷的」這項事實。唯有當我能夠允許且肯認這樣的感受，我才能與某人結合。因此，以肯定的態度接受事實，是不可或缺且十分有益的轉變。

練習

肯認軟弱情感

如果願意，現在請短暫地閉上雙眼，將注意力擺在你的呼吸上，同時也向自己承認：「是的，我是會受傷的」、「是的，我也是依賴的」、「是的，我對過度的親密與結合感到害怕」……，請陳述更多符合個人情況的肯認句子，同時感受一下，當這些情感被允許出現時，你會有什麼感覺。我們多半都能感覺到，這些情感其實沒有當事人一直以來所害怕的那麼糟糕與具有戲劇性。

如果你只允許諸如憤怒或快樂等堅強的情感，就算你是個強悍的人，你仍只是自我的一部分被拒於門外。在你的人生中，你簡直可說是只有半個人出席。如果你想變得完整，另一種說法則叫獲得「療癒」，請你同樣允許其他那些不受歡迎的、軟弱的情感。你會發現，它們並不會把你打倒，就算會，那也只是暫時的。沒有什麼情感是會永遠賴著不走，請讓自己明白，你依然困在自己舊時的種種投射中；陰鬱小孩還是不了解，如今你已經長大成人，不再需要依賴媽媽和爸爸，就算伴侶要離開你，你也能活下去，畢竟你已長大且獨立。

請你再次在完全有意識下進入認知的第三種立場，站在這個視角分析一下你今日、長大成人後的情況，萬一被傷害，你是否挺得過去、是否會活下來。請你也站在這個角度思考一下，你的行為對伴侶有多傷。藉由「封閉內心」，你施加給了伴侶你自己所不想感受的那些痛苦。請你明白，這是不公平的。為此，請下定決心，就對你自己、從而也對他人溫柔一點。你會驚訝地發現，這會讓你的人生變得多麼輕鬆。畢竟，獨立甚或強悍都會消耗我們許多的精力。

◐ 學習信任

你肯定已經察覺到，寶貝策略全都緊密相連，彼此之間有著順暢的過渡。像是「學習信任」就與「允許軟弱情感」關係非常緊密，「允許軟弱情感」又與「消除抗拒」關係非常緊密。

誠如我早先提過的，沒有對自己的信任就沒有對他人的信任。唯有當我相信自己能夠挺過失去、挺過受傷，我才敢去相信他人。信任總是以我的某種「預付」為前提。畢竟，信任不是熟悉，因此總會存在著我可能會被他人背叛或傷害的風險。唯有我能在自己的想像中挺過這樣的可能性，我才能交出自己。否則的話，我們主觀所感受到的危險性就會大到讓我們不敢投入。因此，如果你想要更多信任，你就得從陰鬱小孩和你的自我價值感下手；或者，你得給予陽光小孩很大的空間。一如既往，重點還是在於消除不恰當的信條所呈現出的那些陳舊投射。對此我們已經下了不少功夫。

順道一提，你可以隨時站在觀察者立場做個以理智為導向的現實檢驗，查看一下，你對伴侶或伴侶候選人的不信任是否恰當。透過論證，你可以輕鬆地完成檢驗：你的不信任是不是晦暗不明的，而且基本上其實是源自陰鬱小孩？又或者，你的不信任其實是客觀的、合理的，而且你的不信任可以在伴侶的言行中找到具體的理由，甚至可由客觀的第三者來證明？然而，什麼是可以接受的行為、什麼又該被評價為破壞信任，做這些決定其實就好比在走鋼索。因此，請你務必嚴密地留意你心中的陰鬱小孩，尤其是，當他是個容易受傷且會耿耿於懷的陰鬱小孩。請牢記，你的伴侶有時也有權生氣，這時他可能會說出一些無心之語。如果對方已經為此言行向你表示歉意，你就不該再小題大作。請你也把伴侶的秉性納入考量，外向的人相對會比較衝動，比較容易脫口而出一些無心之語。爭吵之中不經意地提高聲量是人之常情，我們不該對此一直耿耿於懷。

因此，當你站在認知的第三種立場去分析，你是否能夠信任自己的伴侶，請你用公平的標準去衡量對方的行為。在我看來，這或許就是以下的內容：

①我多半能相信我的伴侶所做的承諾；但我也承認，他有時會忘記或收回自己的承諾，因此我並沒有百分之百地信賴他。

②大抵說來，我可以相信伴侶所說的他想要和不想要的事物。

③伴侶並不是故意要傷害我。如果真的發生了傷害，那主要是因為發生了激烈的爭吵，或是因為伴侶對於我施予他的傷害做出回應（例如我疏遠了對方）。

④在友誼與工作關係方面，我認為伴侶是忠誠且可靠的。

⑤我的伴侶坦率地對我表示青睞，以友善且體諒的態度來對待我。

⑥我的伴侶十分忠誠，我非常有安全感（注意：這是嫉妒心很重的陰鬱小孩所設的陷阱）。

⑦我的伴侶耗費許多心力在我和我們的關係上，為此負起了許多的責任。我們之間施與受的分配一般來說都是公平的。

⑧我覺得我的伴侶愛我。

如果借助客觀檢驗得出了「你的不信任是合理的」，那麼請你試著與伴侶對話。請檢驗一下，你的信任破碎能否修復、你能否原諒對方。如果你想和對方一起生活，「原諒」是不可或缺的，否則這件事情將永遠毒害你們的伴侶關係。

如果你已和對方進行過多次對話，但你仍無法原諒對方的外遇等行為，請進一步探究一下，問題是否出在伴侶根本就不值得被信賴，你是否應該與對方分手；或是你的伴侶基本上值得信賴，可是你心中的陰鬱小孩就是無法原諒，因為在你目前所受的傷害背後還有源自童年時期的其他傷害未被療癒。

如果你得出了「你應該與對方分手」的結論，請回顧一下〈放手〉那一節，密切關注你心中那個可能非常害怕孤獨的陰鬱小孩，如果由於出在陰鬱小孩身上的原因而無法原諒，你不妨借助本書的各種相關練習療癒一下你在過去所受的傷害。

相反地，若是你在成人自我的狀態下，觀察到有許多論據都支持你可以信賴你的伴侶，那麼你不妨在完全清醒的狀態中下定決心相信對方。如同人生當中絕大多數的事情，信任也是一個個人決定的問題。

◐ 練習友善與同情

如果我們總是致力於捍衛我們的自主，我們往往就會一直處在認知的第一種立場，老是把自己和陰鬱小孩等同。相對地，認知的第二種立場──移情視角就會很少出現。這也就是為什麼（困在陰鬱小孩模式裡的）我們很容易把伴侶看成是敵對的、霸道的、陰險的、惡意的、依賴的……。如果伴侶在陰鬱小孩眼裡是個潛在的攻擊者，他就不可能向對方表示善意，我們對於敵人沒有任何同情，如此一來才能保護自己的生命，這是天性使然。在我們看來，當遭到攻擊時，保衛自己是完全正確的行為。

陰鬱小孩過於自主的伴侶往往會覺得自己遭到冷落、孤獨與無助。誠如我已多次提及，偏向自主的陰鬱小孩在面對伴侶的期待上有很大的問題。然而，每一場伴侶關係都是有期待，一個人如果就連伴侶對他的最微小期待都會覺得喘不過氣來，他就沒有經營伴侶關係的能力。

練習 利用認知的三種立場練習友善

如果你覺得我正在說你，請你探究一下自己心中的陰鬱小孩：當你封閉自我，拒伴侶於千里之外，哪些信條正在活躍著？哪些過去的投射可能會在這當中作用著？

如果你想有個較親切的態度，你就必須跳脫自己的受害者思維，讓自己明白，你和伴侶其實是平起平坐。請站到認知的第三種立場去看清，如今你已長大，是個自由的人。請讓自己了解，你和伴侶擁有同等的權利，因此你無須總是無情地捍衛自己的自主。

接著請轉換到認知的第二種立場，感受一下，當你一再封閉自我，拒人於千里之外，你的伴侶會作何感想。你的行為會在對方身上引發什麼感覺？請你有意識地感受一下。

最後請藉由取出你新的、正面的信條，並且在內心中感受它們，讓自己轉換到陽光小孩模式。我們的心情越好，就越容易以親切的態度對待他人。這時請你本於帶著善意的、開朗的陽光小孩去觀察你的伴侶，並且回答一下以下的問題：

① 我的伴侶是如何對待我？
② 我的伴侶有什麼需求？
③ 他的需求是否適切？
④ 倘若我是自己的教練，我會教導自己從今以後該怎麼做，才不會讓我一再把自己與陰鬱小孩等同起來？

請把自己在這項練習中所獲得的經驗寫在反思簿上。

◐你偶爾也可以求助

偏向自主的陰鬱小孩不喜歡求助於人，這是事物的本質使然，畢竟他們所抱持的信條是：「我必須獨自完成一切！」然而這並非事實。從你的成人自我出發，你或許就能看出，你其實大可求助於人。這意味著，你隨時都能與他人結合。你不必孤獨地坐困愁城。為了去除你的疏離和偽裝，你也不必完美。你大可做你自己，而這也代表著，你可以有錯誤與缺陷，正如其他的每個人。

當你需要援助，而你所需要的就只是與好友對話，請你為自己求助。談論你的問題並不代表示弱。相反地，這其實是你很有能力處理問題的一個象徵。畢竟，所有相關的心理學研究都顯示，談論自己的問題很有助益，沉默則會適得其反。

你不妨就從某人開始，也許是你的伴侶，也許是你的某位好友，然後敞開你的心胸，和對方談論一下自己，例如你有什麼擔憂、你有什麼困難。你會發現，當你談論自己，而對方能夠藉此接近你，你的伴侶或朋友會有多麼高興。你會發現，這樣的對話可以讓你的內心變得輕鬆，讓你更容易解決自己的問題。

我從許多顧客的陳述中得知，當他們不去逃避，而是尋求與伴侶對話，向對方解釋自己現在的感受，他們對於結合的恐懼就會迎刃而解。他們的逃避衝動會減弱，而且也能以一種怡人的方式感受與伴侶的親密。

因此，請讓自己放輕鬆，讓自己明白並相信：**你是可以求助的！**

◐ 有時乾脆地說「是」

愛情是一種決定的問題，墜入愛河則是一種體驗；我們心中那個帶有複雜約會規則的陰鬱小孩往往也參與其中。愛情代表著我們選擇某人，感覺自己在正面的意義上對於某人負有責任。然而，這卻也同時意味著，萬一日後我想要與我的伴侶分手（無論基於什麼理由），我也可以重新做出決定。我是自由的，我有同樣的自由說「是」與說「不」。唯有本於「我也可以說『不』」這項被我深刻感受到的自由，我才能在誠實的情感下說「是」，也才能以一種健康的方式負起責任。健康的負責代表著出於某種深刻的好感希望他人過得好。反之，不健康的負責則代表著，覺得自己對於關係的成功負有百分之百的責任。

我的那些害怕結合的顧客往往都會懷疑，伴侶到底適不適合他們。如前所述，懷疑伴侶和喪失愛意都是疏遠程式的一部分。你的伴侶到底適不適合你，你大可站在觀察者的立場看個分明。根據我的經驗，從這個角度出發，絕大多數的人都能相當清楚地看出，自己的懷疑是不是源自心中的陰鬱小孩，或是伴侶是不是確實不適合自己。當結合恐懼發威時，常見的性趣缺缺也是一大問題，這種情況不少是與缺乏真實性有關。且容我再次提醒：害怕結合是過度配合的結果之一，它會奪走伴侶關係的生命力。因此，請你想一想，在哪些方面你還能以更開放、更真誠的態度去面對你的伴侶。

性趣缺缺的另一項重要的原因是，對於滿足伴侶期待所懷有的罪惡感。當伴侶在性方面對他有所期待，這個人有可能光是因為這樣就對性完全失去興趣。消弭陰鬱小孩的投射，如同我在〈消除你的抗拒〉一節中也曾提過那樣，在這裡同樣適用。

我經常會建議那些害怕結合的顧客，應該在有意識的狀態下給予伴侶一個月的時間；如果他們的成人自我發現到，對方其實是適合他們的。許多人的經驗是，有意識地選定伴侶（雖然此舉只持續一個月的時間），確實會改變他們對於伴侶的心態，也確實會讓他們與伴侶走得更近。

如果你對於自己的伴侶是不是正確的對象依然存有疑慮，請你站在觀察者的立場上，換言之，從成人自我的角度出發，做個決定。如果你所得出的是一個正面的決定，請你就乾脆地說「是」；如果那只是在一段有限的時間裡，請你訝異於發生了什麼事。

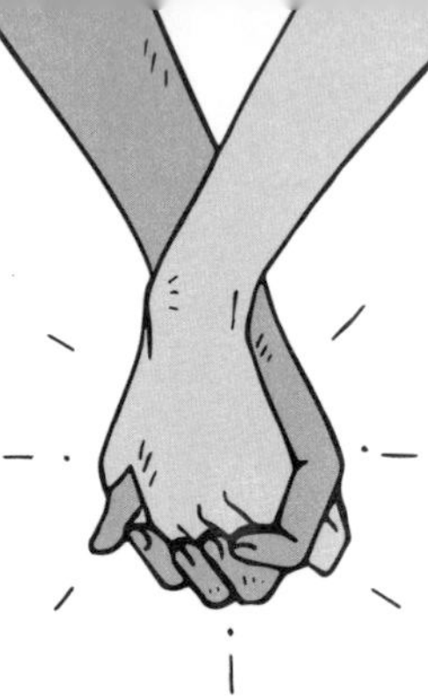

找出屬於你個人的寶貝策略

現在你可以從寶貝策略的儲存庫裡選出與你個人特別有關的寶貝策略，接著把它們寫在陽光小孩人形的腳部（參閱封底內頁的範例），最好以個人的表達方式寫下來。舉例來說：「我每天至少向內感受自己十次且留心自己的感受」，或是「我每晚六點下班，接著我會散步一個小時」，或是「我仔細聆聽某某某（伴侶的名字或暱稱）所說的話，而且關心他所在乎的事情」。你個人的寶貝策略表述得越具體，你就越有可能去實現它們。

如果你想出了某些我沒有介紹到的寶貝策略，你當然也可以好好地利用它們。重要的是，你要在自己的日常生活中確實實踐你以寶貝策略表述的那些行為；你會驚訝地發現，你的進步有多麼神速！

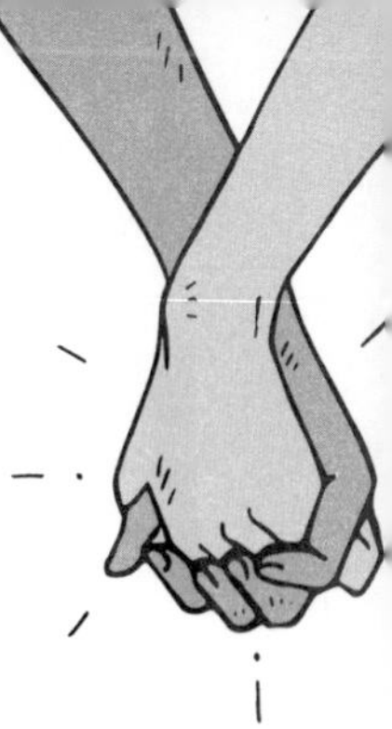

結語：邁向新人生的八個步驟

親愛的讀者，如果你從頭開始一路讀到這裡，你應該已經從本書中學到了不少東西。我很清楚，這本書需要許多個人的投入，有時這也可能會讓人喘不過氣來。順道一提，我個人也不是事倍功半的支持者。然而，根據我所聲稱的，你可以利用這本書來幫助你自己，在我看來，除了以實踐為導向，而這多多少少總是需要實際的投入，別無他法。

換言之，我相信，如果心中有個如何解決問題可資依循的主軸，許多問題其實都無須求助於心理治療師。在這當中，糟糕的心理治療供應情形我也一直看在眼裡。願意走到心理治療這一步的人必須忍受長時間的等待，這往往會把他們的動力消磨殆盡。此外，並非每個治療師對求助者都有助益。因此，雖然有些人願意耗費許多等待時間親自與治療師進行對話，但在某些案例中卻也無法帶給當事人真正的幫助。原因一方面可能出在治療師本身，例如治療師沒能掌握問題的癥結，另一方面則可能出在顧客身上，如果顧客不太樂意為自己的成長負起責任。

然而，一個人若是想要為自己和自己心中的陰鬱小孩負起責任，未必只能求助於（良好的）治療師，其實同樣也能求助於（良好的）心理指南。就我所知，有許多讀者曾經借助我的一些著作成功地療癒了自己；先前他們求助於某些治療師或心身症診所反倒始終未見成效。我說這些話並不是為了要吹噓，而是為了再次鼓勵你，讓你明白，如果你能牽起自己心中那個陰鬱小孩的手，你確實也能在自己的生活中獨自完成這些正面的改變和療癒。只不過，這需要你自己努力地下點功夫，藉以重新訓練你的大腦。畢竟，某種樂器、某種運動、某種語言，你只能透過練習來學會。

重要的是，希望你能懂得「在腦袋中為自己建構自己的現實」這個道理。貫穿本書的主軸就是，**你可以讓那些陳舊的投射失效，進而獲得一個切合實際的新觀點**。我要再次強調：「警覺」與「切換」是所有改變的基礎。一旦你猛然發覺正陷於自己的「老電影」中，換言之，處在「陰鬱小孩」的模式中，請立即從「現場視角」切換至「觀察者視角」，藉此轉換成以符合實際的目光審視整個情況的「成人自我」。

除此以外，請務必培養你心中的「陽光小孩」；是的，即便這又得花功夫去做練習。誠如相關的心理學研究所示，紀律和勤奮是在人生中取得成功的保證。這聽起來確實無聊透頂、了無新意，但事實卻是如此。值得慶幸的是，培養陽光小孩是件快樂的事，如果你帶著一種玩耍的心情，你可以和他一起享受到許多的樂趣。每天早上花幾分鐘喚醒心中的陽光小孩，你可以提醒自己的新信條、自己的長處，每天練一練自己的某項寶貝策略。借助你喜歡的音樂，輕輕鬆鬆地走向陽光小孩的感覺。

此外，你的陽光小孩姿態（參閱〈權勢姿勢〉與〈感受你的陽光小孩〉）和你個人的力量泉源（參閱〈力量泉源〉），也都能讓你迅速地轉換成陽光小孩模式。請你也經常反覆聆聽「陽光小孩的傳思」；許多讀者都向我反映，「陽光小孩的傳思」和「陰鬱小孩的傳思」對他們很有幫助。這兩套傳思都能幫助你把種種新的想法深植於你的潛意識中。

且容我做個總結：

①請確實理解，你曾在童年時獲得了哪些錯誤的印記，它們多年來又是如何對你的人生或伴侶關係造成了妨礙。換言之，請你勾勒出心中那個帶著自己信條的陰鬱小孩。

②請你了解，你的信條對於你在伴侶關係中的行為有何具體的影響，換言之，請找出

屬於你個人的保護策略。

③請在典型的情況中與陰鬱小孩保持距離，並且轉換到你的成人自我，藉此遠離你過去的程式、陰鬱小孩。請在成人自我的狀態下進行一次現實檢驗。一旦你發覺自己陷於陰鬱小孩模式中，請立刻切換到你的成人自我。

④請發掘自己的陽光小孩，藉此走向你的資源。請找出能讓功能失調的舊信條、有效的適切新信條。

⑤請將你的新信條、你的長處與資源「下載」到你的情感中，藉此去感受你心中的陽光小孩、你的力量與好心情；你可以透過有意識地呼吸，同時也感受一下這一切在你的胸部和腹部引發什麼樣的感覺（參閱〈感受你的陽光小孩〉）。

⑤我的伴侶坦率地對我表示青睞，以友善且體諒的態度來對待我。

⑥請帶著陽光小孩走進觀察者的立場去審視，從這個角度觀察你的老問題會呈現怎樣的面貌（參閱〈從陽光小孩進入觀察者立場〉）。

⑦請找出屬於你個人的寶貝策略，每天練習它們。

⑧持續進行這些練習，直到它們成為你的第二天性。

如今我們已經一起走到了本書的終點，我希望，從今以後你能經營出更為幸福、快樂的伴侶關係。愛慕、好感、體諒和善意，是促成人類所有結合的本質，也是一直陪伴著我們的希望。

願你能有個快樂的人生、能快樂地做自己

祝　一切順利！

史蒂芬妮

國家圖書館出版品預行編目(CIP)資料

從親密關係中得到自由
史蒂芬妮·史塔爾(Stefanie Stahl)著;
王榮輝 譯
-- 初版. -- 臺北市:遠流, 2019.06
面; 公分. --(綠蠹魚館;YLH31)
譯自:Jeder ist beziehungsfähig

ISBN 978-957-32-8559-5(平裝)

544.7 108006791

綠蠹魚館 YLH31

從親密關係中得到自由

作　　者——史蒂芬妮．史塔爾 Stefanie Stahl
譯　　者——王榮輝

副總編輯——陳莉苓
特約編輯——周琳霓
封面設計——林秀穗
版型設計——江孟達
行　　銷——陳苑如
排　　版——平衡點設計

發 行 人——王榮文
出版發行——遠流出版事業股份有限公司
100 臺北市南昌路二段 81 號 6 樓
電話／ 02-2392-6899．傳真／ 02-2392-6658
郵政劃撥／ 0189456-1
著作權顧問——蕭雄淋律師

2019 年 6 月 1 日　初版一刷
售價新台幣 350 元（缺頁或破損的書，請寄回更換）

有著作權．侵害必究　Printed in Taiwan

Jeder ist beziehungsfähig

Copyright © 2017 by Kailash Verlag,a division of
Verlagsgruppe Random House GmbH, Munchen, Germany
This edition is published by arrangement
with Verlagsgruppe Random House GmbH
through Andrew Nurnberg Associates International Limited.
Complex Chinese translation copyright © 2019
by Yuan-Liou Publishing Co.,LTD.
All Rights Reseved.

遠流博識網　http://www.ylib.com　e-mail:ylib@ylib.com